Athanase ZOGO

RECONNAÎTRE LES FAUX PASTEURS

Athanase ZOGO

RECONNAÎTRE LES FAUX PASTEURS

Éditions Croix du Salut

Imprint
Any brand names and product names mentioned in this book are subject to trademark, brand or patent protection and are trademarks or registered trademarks of their respective holders. The use of brand names, product names, common names, trade names, product descriptions etc. even without a particular marking in this work is in no way to be construed to mean that such names may be regarded as unrestricted in respect of trademark and brand protection legislation and could thus be used by anyone.

Cover image: www.ingimage.com

Publisher:
Éditions Croix du Salut
is a trademark of
Dodo Books Indian Ocean Ltd. and OmniScriptum S.R.L publishing group

120 High Road, East Finchley, London, N2 9ED, United Kingdom
Str. Armeneasca 28/1, office 1, Chisinau MD-2012, Republic of Moldova, Europe
Managing Directors: Ieva Konstantinova, Victoria Ursu
info@omniscriptum.com

Printed at: see last page
ISBN: 978-620-6-16956-7

Copyright © Athanase ZOGO
Copyright © 2025 Dodo Books Indian Ocean Ltd. and OmniScriptum S.R.L publishing group

Ev. ATHANASE ZOGO

RECONNAÎTRE LES FAUX PASTEURS

SOMMAIRE

Ce plan permet de présenter une analyse profonde sur le sujet des faux pasteurs et offre des enseignements pratiques pour y faire face. L'objectif est d'équiper les croyants pour discerner les mensonges et rester ancrés dans la vérité de la Parole de Dieu.

Les faux pasteurs peuvent utiliser leur autorité pour manipuler et contrôler leurs fidèles. Versets clés : Matthieu 23, 1-12, 2 Corinthiens 11, 13-15.

Le discernement des signes et miracles qui sont des manifestations trompeuses. Versets clés : Matthieu 24, 24, 2 Thessaloniciens 2, 9-12.

Les faux pasteurs peuvent s'intégrer dans une église pour mieux tromper les membres et diviser le corps de Christ. Versets clés : Actes 20, 29-30, 1 Jean 2, 18-19.

L'absence de fruits véritables dans la vie d'un faux pasteur. Versets clés : Matthieu 7, 16-20, Jean 15, 1-8.

Les vrais pasteurs, l'enseignement solide et la correction dans l'amour. Versets clés : 2 Timothée 4, 2, Galates 6, 1.

Les techniques utilisées par les faux pasteurs pour manipuler et contrôler les fidèles : culpabilisation, dépendance spirituelle, etc. Versets clés : 2 Corinthiens 11, 3-4, Colossiens 2, 8.

Les effets négatifs sur la foi des chrétiens et leur bien-être spirituel et émotionnel sous l'influence de faux pasteurs. Versets clés : 2 Pierre 2, 18-19, Matthieu 23, 13-15.

Les mesures préventives à prendre au niveau de l'église locale pour éviter que des faux pasteurs prennent la tête de l'assemblée. Versets clés : Actes 20, 28-31, 1 Timothée 5, 19-20.

Des témoignages réels ou des exemples historiques d'églises ayant été manipulées par des faux pasteurs et comment elles ont retrouvé leur chemin. Versets clés : 1 Corinthiens 10, 11, Romains 15, 4.

Des conseils pratiques pour réagir face à un faux pasteur, que ce soit en quittant l'église, en confrontant la personne avec amour, ou en restant fidèle à la vérité de l'Évangile. Versets clés : Matthieu 18, 15-17, 2 Jean 1, 10-11.

L'importance de reconnaître les faux pasteurs pour préserver la pureté de l'Église et la croissance spirituelle des croyants. Encourager les lecteurs à être vigilants et à rechercher la vérité. Versets clés : 2 Timothée 2, 15, Jude 1, 3.

L'importance de reconnaître les faux pasteurs pour préserver la pureté de l'Église et la croissance spirituelle des croyants. Encourager les lecteurs à être vigilants et à rechercher la vérité. Versets clés : 2 Timothée 2, 15, Jude 1, 3.

Introduction

Reconnaître les Faux Pasteurs - Un Appel à la Vigilance Spirituelle

Dans un monde où les faux enseignements et les manipulations spirituelles sont de plus en plus fréquents, il est crucial pour chaque croyant d'apprendre à discerner la vérité de l'erreur, en particulier lorsqu'il s'agit de ceux qui sont appelés à guider l'Église. Les pasteurs, en tant que responsables spirituels, ont un rôle fondamental dans la croissance de la foi des chrétiens, mais certains abusent de cette position pour propager des messages trompeurs, manipuler les fidèles et semer la confusion. Ces faux pasteurs ne viennent pas toujours sous des formes évidentes, mais souvent déguisés en messagers de lumière.

La Bible elle-même avertit abondamment sur l'existence de faux enseignants et de faux pasteurs. Jésus a dit dans Matthieu 7, 15 : « Gardez-vous des faux prophètes, qui viennent à vous en habits de brebis, mais qui sont des loups ravisseurs. » Les Écritures nous appellent à être vigilants, à tester les esprits et à ne pas accepter toute parole qui se dit divine sans l'examiner à la lumière de la vérité biblique (1 Jean 4, 1).

Ce livre a pour objectif de vous aider à développer un discernement spirituel profond afin de reconnaître les faux pasteurs et les faux enseignements, de comprendre les stratégies qu'ils utilisent, et surtout de vous préparer à rester fidèle à la vérité de l'Évangile. En parcourant ses chapitres, vous découvrirez les signes distinctifs des faux pasteurs, leurs méthodes de manipulation, ainsi que les conséquences de leurs actions sur la vie de l'Église et des croyants.

Dans un monde où les chrétiens sont confrontés à des messages contradictoires, il est plus que jamais nécessaire d'être ancrés dans la Parole de Dieu, d'écouter la voix du Saint-Esprit et de vivre selon les principes divins. Le discernement spirituel n'est pas seulement une protection personnelle, mais un devoir pour la santé de l'Église locale. Ce livre vous guidera dans ce voyage de découverte, de sagesse et de vigilance, afin que vous puissiez reconnaître, éviter et, si nécessaire, confronter les faux pasteurs avec amour et fermeté.

L'appel à la vigilance n'a jamais été aussi urgent, et ce guide est ici pour vous équiper afin de garder votre foi pure et votre relation avec Dieu intacte.

Chapitre 1

Qu'est-ce qu'un faux pasteur ?

Un faux pasteur est une figure qui, sous l'apparence d'un serviteur de Dieu, abuse de son rôle et de son autorité pour tromper, manipuler, et parfois exploiter les croyants. Alors qu'un véritable pasteur est appelé à guider le peuple de Dieu dans la vérité, l'amour et la justice, un faux pasteur se détourne de ces principes fondamentaux pour poursuivre ses propres intérêts ou semer des enseignements erronés. Ce chapitre explore les caractéristiques d'un faux pasteur, en se basant sur les Écritures, afin d'aider les croyants à les reconnaître et à s'en protéger.

1. Les Caractéristiques d'un Faux Pasteur

Un faux pasteur ne se présente pas toujours de manière évidente. Souvent, il se déguisera sous des traits qui semblent bibliques, mais ses actions et ses enseignements sont en réalité contraires à la parole de Dieu. Voici quelques caractéristiques essentielles d'un faux pasteur :

- **L'amour de l'argent et de la gloire personnelle**

  Un faux pasteur est souvent motivé par l'argent, le pouvoir, ou la reconnaissance. Il utilise son autorité spirituelle pour accumuler des biens matériels et chercher la gloire personnelle. Jésus a averti dans Matthieu 6, 24 : « Nul ne peut servir deux maîtres. » Un vrai pasteur doit mettre en avant la gloire de Dieu et non sa propre gloire.

- **La manipulation et l'abus de pouvoir**

  Contrairement à un pasteur qui guide avec amour et humilité, un faux pasteur utilise la manipulation et l'intimidation pour contrôler ses fidèles. Il peut exploiter les faiblesses spirituelles, émotionnelles ou financières des membres de son église pour renforcer sa propre position ou pour obtenir des avantages personnels. Jésus avertit dans Matthieu 23, 4 que certains « lient des fardeaux pesants et insupportables, qu'ils mettent sur les épaules des gens, mais eux-mêmes ne veulent pas les remuer du doigt. »

- **Un enseignement déformé**

Les faux pasteurs enseignent des doctrines qui ne sont pas en accord avec la Bible. Ils peuvent ajouter des éléments humains à l'Évangile, ou même le dénaturer complètement pour le rendre plus attrayant ou acceptable pour leurs auditeurs. Dans 2 Pierre 2, 1, il est écrit : « Il s'est aussi introduit parmi vous des faux prophètes qui enseigneront des hérésies funestes, et qui attireront sur eux-mêmes une ruine soudaine. » Ces enseignements erronés peuvent prendre plusieurs formes, de la prospérité abusive à des pratiques occultes déguisées en chrétienté.

- **La recherche de disciples à son image**

Un faux pasteur cherche à faire des disciples de lui-même, plutôt que de Christ. Il cultive un culte de la personnalité autour de sa propre personne, en incitant les croyants à le suivre aveuglément. L'apôtre Paul, dans 1 Corinthiens 11, 1, affirme : « Soyez mes imitateurs, comme je le suis de Christ. » Cependant, un faux pasteur détourne l'attention de Christ pour qu'elle se concentre sur sa propre autorité et sa vision personnelle.

2. Les Faux Pasteurs dans l'Ancien et le Nouveau Testament

Les Écritures sont pleines d'avertissements concernant les faux pasteurs, non seulement dans le Nouveau Testament, mais aussi dans l'Ancien Testament. Dans Jérémie 23, 1-2, Dieu parle des faux pasteurs de son peuple : « Malheur aux pasteurs qui détruisent et qui dispersent les brebis de mon pâturage!» Dieu promet de se lever contre ces faux leaders spirituels et de juger ceux qui égarent son peuple.

Dans le Nouveau Testament, Jésus lui-même a averti les croyants de ces faux pasteurs dans Matthieu 7, 15 : « Gardez-vous des faux prophètes, qui viennent à vous en habits de brebis, mais qui sont des loups ravisseurs. » Ces faux pasteurs sont des prédateurs spirituels déguisés en serviteurs de Dieu, cherchant à détruire l'œuvre du Christ.

Paul, dans ses lettres, met également en garde les églises contre les faux enseignants. Par exemple, dans Actes 20, 29-30, il déclare : « Je sais qu'après mon départ, des loups cruels s'introduiront parmi vous, qui ne ménageront pas le troupeau. Et de parmi vous-mêmes, des hommes se lèveront, qui diront des choses pernicieuses, pour entraîner les disciples après eux. »

3. Le Risque Spirituel des Faux Pasteurs

Suivre un faux pasteur n'entraîne pas seulement une perte de direction spirituelle, mais peut également mener à des conséquences graves. Leurs enseignements erronés et leur conduite dévoyée risquent d'éloigner les croyants de la vérité de l'Évangile, et de les entraîner vers des pratiques non bibliques. Les faux pasteurs perturbent la pureté doctrinale de l'Église et provoquent des divisions.

Les membres de l'Église qui sont sous l'influence de ces faux pasteurs peuvent se retrouver spirituellement affaiblis, trompés, et désorientés. Leur foi peut être compromise, et ils risquent de se détourner de la véritable Parole de Dieu, comme Paul l'a averti dans 2 Timothée 4, 3-4 : « Car il viendra un temps où les hommes ne supporteront pas la saine doctrine, mais, ayant la démangeaison d'entendre des choses agréables, ils s'amasseront des docteurs selon leurs propres désirs, et détourneront l'oreille de la vérité pour se tourner vers les fables. »

Conclusion

Un faux pasteur se distingue par son amour du pouvoir, sa manipulation, son enseignement déformé de l'Évangile, et son désir de suivre ses propres ambitions au lieu de servir le Christ. Il est essentiel de rester vigilant et de toujours comparer les enseignements des pasteurs à la Parole de Dieu pour discerner si leur ministère est véritable ou faux. En développant une connaissance solide des Écritures et en cultivant un cœur humble et soumis à l'Esprit Saint, chaque croyant peut apprendre à reconnaître les faux pasteurs et éviter leurs pièges.

Les Écritures nous appellent à être des chrétiens avertis, fondés sur la vérité, et à garder notre foi intacte face aux faux enseignements.

Chapitre 2

Les Faux Enseignements : Origine et Conséquences

Les faux enseignements sont l'un des instruments les plus puissants utilisés par les faux pasteurs pour détourner les croyants de la vérité biblique. Ces enseignements, qui se présentent souvent sous un masque de religiosité et de vérité spirituelle, sont en réalité des mensonges qui peuvent corrompre la foi, diviser l'Église et mener à des pratiques erronées. Dans ce chapitre, nous explorons l'origine des faux enseignements, comment ils se propagent et quelles en sont les conséquences pour l'individu et l'Église dans son ensemble.

1. L'Origine des Faux Enseignements

Les faux enseignements ne sont pas un phénomène nouveau dans l'Église. Depuis les premiers siècles de l'Église chrétienne, des hérésies et des doctrines erronées ont circulé parmi les croyants. Ces erreurs ont souvent été le fruit de l'influence de faux enseignants, de la distorsion des Écritures, ou de la combinaison de croyances chrétiennes avec des philosophies ou religions païennes.

- **L'Influence de Satan et de ses agents**

  La principale source de faux enseignements réside dans l'influence directe de Satan et de ses agents. L'apôtre Paul met en garde dans 1 Timothée 4, 1 : « Mais l'Esprit dit expressément que dans les derniers temps, certains abandonneront la foi pour s'attacher à des esprits séduisants et à des doctrines de démons. » Satan cherche à semer la confusion dans l'Église en introduisant des doctrines qui semblent séduisantes, mais qui mènent à la destruction spirituelle.

- **La Distorsion de la Parole de Dieu**

Les faux enseignants déforment souvent la Parole de Dieu pour justifier leurs propres idées ou pratiques. Ils prennent des versets hors de leur contexte, les interprètent de manière erronée, ou même inventent de nouvelles doctrines. Par exemple, certains groupes peuvent enseigner que la prospérité matérielle est la volonté de Dieu pour tous les croyants, en utilisant des versets comme 3 Jean 1, 2, mais en négligeant le message global de l'Évangile et les avertissements bibliques concernant l'attachement aux richesses.

- **La Fusion avec d'autres Croyances**

De nombreux faux enseignements ont émergé lorsque des éléments d'autres religions, philosophies ou pratiques ont été intégrés à la doctrine chrétienne. Par exemple, certaines sectes chrétiennes modernes mélangent des idées chrétiennes avec des éléments de l'ésotérisme, du mysticisme, ou de l'occultisme, créant ainsi des systèmes de croyance complètement dénaturés.

- **L'égocentrisme et les Idées Humaines**

Les faux enseignants sont souvent motivés par leurs propres désirs de pouvoir, de reconnaissance ou de contrôle sur leurs suiveurs. Parfois, les enseignements qu'ils propagent sont le reflet de leur propre vision de la vie ou de la foi, plutôt que de la Parole de Dieu. Leur but est d'attirer à eux-mêmes des disciples et de créer une dépendance spirituelle.

2. Types de Faux Enseignements Courants

Les faux pasteurs et les faux enseignants utilisent différentes formes d'erreurs doctrinales pour tromper les croyants. Voici quelques-uns des types les plus courants de faux enseignements :

- **Le « prosperity gospel » (Évangile de la prospérité)**

  Cet enseignement erroné affirme que Dieu veut que ses enfants soient tous riches et en bonne santé, et que la foi est un moyen d'obtenir des bénédictions matérielles. Il réduit l'Évangile à une simple promesse de prospérité terrestre, ignorant les enseignements bibliques sur la souffrance chrétienne et l'appel à la croix.

  - **Verset clé** : 1 Timothée 6, 9-10 : « Ceux qui veulent devenir riches tombent dans la tentation et le piège, et dans beaucoup de désirs fous et nuisibles qui plongent les hommes dans la ruine et la perdition. »

- **L'Universalisme**

  L'idéologie universaliste enseigne que tous les hommes seront sauvés, indépendamment de leur foi en Jésus-Christ. Ce faux enseignement nie la vérité biblique fondamentale selon laquelle Jésus est le seul chemin vers Dieu (Jean 14, 6) et que le salut est par la foi en lui seul.

  - **Verset clé** : Actes 4, 12 : « Il n'y a de salut en aucun autre ; car il n'y a sous le ciel aucun autre nom qui ait été donné parmi les hommes, par lequel nous devions être sauvés. »

- **Le Libre Arbitre absolu et la Négation de la souveraineté de Dieu**

Certains enseignements mettent l'accent sur le libre arbitre humain de manière excessive, en minimisant la souveraineté de Dieu dans le salut et dans le gouvernement du monde. Ces doctrines peuvent conduire à une vision déformée de Dieu, comme si l'homme avait un contrôle total sur sa destinée, excluant ainsi la grâce divine et le rôle du Saint-Esprit.

- **Verset clé** : Éphésiens 2, 8-9 : « C'est par la grâce que vous êtes sauvés, par le moyen de la foi. Et cela ne vient pas de vous, c'est le don de Dieu. »

- **La Négation de la Divinité de Christ**

Certaines sectes ou faux enseignants nient la divinité de Jésus-Christ, le réduisant à un simple prophète ou maître moral, plutôt qu'à l'égal de Dieu incarné. Cela détruit le fondement même de la foi chrétienne, qui est que Jésus est à la fois pleinement Dieu et pleinement homme.

- **Verset clé** : Colossiens 2, 9 : « Car en lui habite corporellement toute la plénitude de la divinité. »

3. Les Conséquences des Faux Enseignements

Les conséquences des faux enseignements sont graves et ont un impact direct sur la vie spirituelle des individus et de l'Église dans son ensemble. Ces conséquences incluent :

- **L'éloignement de la vérité**

Les faux enseignements éloignent les croyants de la vérité de l'Évangile et les entraînent dans des fausses croyances qui ne produisent ni fruits spirituels durables ni véritable transformation intérieure. Comme l'a averti Jésus dans Matthieu 15, 14, les faux enseignants sont comme des aveugles qui conduisent d'autres aveugles, et « si un aveugle guide un aveugle, ils tomberont tous deux dans une fosse. »

- **L'instabilité spirituelle**

Lorsque les croyants sont exposés à des enseignements erronés, leur foi devient fragile et instable. Ils peuvent devenir vulnérables à l'incertitude spirituelle et à la confusion. Paul met en garde contre cela dans Éphésiens 4, 14 : « Nous ne serons plus des enfants flottant et emportés çà et là par tous les vents de doctrine, au jeu de la tromperie des hommes et par leur fourberie dans les moyens de séduction. »

- **La Division dans l'Église**

Les faux enseignements divisent l'Église. Lorsque des membres sont influencés par des doctrines erronées, cela crée des factions et des conflits au sein de la communauté chrétienne. L'apôtre Paul met en garde contre cela dans Romains 16, 17-18 : « Je vous exhorte, frères, à prendre garde à ceux qui causent des divisions et des occasions de chute, contraires à l'enseignement que vous avez reçu ; éloignez-vous d'eux. »

- **La Corruption morale et spirituelle**

Les faux enseignements peuvent également mener à des pratiques immorales, car ils conduisent à une mauvaise compréhension de la sainteté de Dieu et des exigences de la vie chrétienne. Les croyants qui suivent ces enseignements erronés risquent de tomber dans des comportements qui déshonorent Dieu et nuisent à leur témoignage.

Conclusion

Les faux enseignements sont une menace sérieuse pour la foi chrétienne, car ils égarent les croyants et compromettent l'intégrité de l'Église. Ils ont des origines variées, allant de la manipulation des Écritures à l'influence de doctrines étrangères, mais leurs conséquences sont toujours destructrices : éloignement de la vérité, instabilité spirituelle, division de l'Église, et corruption morale. Il est donc essentiel de rester vigilant, de se nourrir régulièrement de la Parole de Dieu et de chercher le discernement du Saint-Esprit pour éviter de tomber dans les pièges des faux enseignements.

Chapitre 3

L'importance du Discernement Spirituel

Dans un monde où les faux pasteurs et les faux enseignements sont de plus en plus présents, le discernement spirituel est un outil indispensable pour tout chrétien. Ce discernement permet de distinguer la vérité de l'erreur, de reconnaître les intentions cachées des faux enseignants et de préserver sa foi des dangers de la tromperie. Sans discernement, il est facile de se laisser séduire par des paroles flatteuses et des doctrines séduisantes. Ce chapitre explore l'importance du discernement spirituel dans la vie du croyant et comment développer cette capacité essentielle pour éviter les pièges des faux pasteurs.

1. Qu'est-ce que le Discernement Spirituel ?

Le discernement spirituel, selon la Bible, est la capacité donnée par le Saint-Esprit de distinguer ce qui est juste de ce qui est faux, ce qui est saint de ce qui est impur. Ce don spirituel permet aux croyants de percevoir et de juger les choses du point de vue de Dieu, au-delà des apparences extérieures.

Dans 1 Corinthiens 12, 10, Paul mentionne le discernement des esprits comme un des dons spirituels : « À un autre, il donne le discernement des esprits. » Cela implique la capacité de discerner les influences spirituelles qui se cachent derrière une situation, un enseignement ou une personne. Le discernement n'est pas seulement une question d'intellect ou de logique humaine, mais un don du Saint-Esprit qui permet de percevoir la vérité divine et de s'y tenir fermement.

2. Pourquoi le Discernement Spirituel est Essentiel ?

- **Pour se protéger des faux pasteurs et des faux enseignants**

Le discernement est essentiel pour éviter de tomber dans les pièges des faux pasteurs, qui cherchent à exploiter les croyants pour leur propre gain. Jésus nous a avertis dans Matthieu 7, 15 : « Gardez-vous des faux prophètes, qui viennent à vous en habits de brebis, mais qui sont des loups ravisseurs. » Un chrétien sans discernement peut facilement être influencé par des enseignements séduisants qui ne sont pas fondés sur la vérité biblique.

- **Pour rester fidèle à la vérité biblique**

Le discernement spirituel permet aux croyants de demeurer ancrés dans la Parole de Dieu, malgré les voix contradictoires qui surgissent autour d'eux. En discernant les erreurs doctrinales et en restant attachés à la vérité, les chrétiens peuvent éviter de se laisser entraîner dans des doctrines erronées, comme celles du « prosperity gospel » ou de l'universalisme, qui détournent du véritable message de l'Évangile.

- **Pour protéger l'unité de l'Église**

Le discernement spirituel joue un rôle clé dans la préservation de l'unité de l'Église. Les faux enseignements divisent les croyants et engendrent des conflits inutiles. Un chrétien doté du discernement pourra repérer les éléments perturbateurs et protéger l'Église des divisions causées par des doctrines erronées. Paul encourage les croyants dans Romains 16, 17-18 : « Je vous exhorte, frères, à prendre garde à ceux qui causent des divisions et des occasions de chute, contraires à l'enseignement que vous avez reçu.»

- **Pour grandir dans la maturité spirituelle**

Le discernement spirituel est aussi un signe de maturité spirituelle. Un chrétien mature dans la foi est capable de distinguer le bien du mal, le vrai du faux, non seulement dans les enseignements religieux mais aussi dans la vie quotidienne. Comme le dit l'auteur de la lettre aux Hébreux : « Mais la nourriture solide est pour les hommes faits, pour ceux qui, par l'usage, ont les sens exercés à discerner le bien et le mal » (Hébreux 5, 14). Le discernement se développe avec le temps, à mesure que nous nous imprégnons de la Parole de Dieu et de l'enseignement du Saint-Esprit.

3. Comment Développer le Discernement Spirituel ?

Développer le discernement spirituel n'est pas quelque chose qui se fait du jour au lendemain. Cela nécessite une pratique constante, une vigilance et une dépendance au Saint-Esprit. Voici quelques clés pour cultiver ce don de discernement dans la vie chrétienne :

- **Se nourrir de la Parole de Dieu**

La base du discernement spirituel est une connaissance profonde de la Bible. Plus nous connaissons les Écritures, plus nous serons capables de repérer les faux enseignements et de les confronter avec la vérité. La Parole de Dieu est le critère ultime pour tester toutes les doctrines. Dans Actes 17, 11, les chrétiens de Bérée sont salués pour leur discernement, car « ils recevaient la parole avec beaucoup d'empressement, en examinant chaque jour les Écritures pour voir si ce qu'on leur disait était exact. »

- **Prendre du temps dans la prière et la méditation**

Le discernement spirituel est aussi renforcé par la prière et l'écoute attentive de la voix du Saint-Esprit. Lorsque nous nous soumettons à Dieu en prière, nous demandons à l'Esprit Saint de nous guider et de nous éclairer sur ce qui est juste. Jésus a promis dans Jean 16, 13 : « Quand il viendra, lui, l'Esprit de vérité, il vous conduira dans toute la vérité. » Le Saint-Esprit est celui qui nous aide à discerner la vérité et à éviter l'erreur.

- **Vivre dans la communion fraternelle**

Le discernement spirituel est également renforcé dans la communauté des croyants. Les frères et sœurs dans la foi peuvent nous aider à discerner ce qui est juste et à nous protéger des enseignements erronés. Proverbes 27, 17 nous rappelle : « Comme le fer aiguise le fer, ainsi un homme aiguise la pensée d'un autre. » Le dialogue et l'étude en groupe sont importants pour affiner notre discernement et comprendre plus profondément la vérité biblique.

- **Être vigilant face aux influences extérieures**

Les faux pasteurs et les faux enseignants ont souvent recours à des moyens sophistiqués pour séduire leurs auditeurs. Ils utilisent des discours persuasifs, des arguments émotionnels, ou des promesses de bénédictions immédiates. Il est donc important de toujours tester les enseignements à la lumière de la Bible, en rejetant ce qui ne correspond pas à la vérité révélée. Paul nous exhorte dans 1 Jean 4, 1 : « Bien-aimés, ne croyez pas à tout esprit, mais éprouvez les esprits pour savoir s'ils sont de Dieu. »

4. Le Discernement dans la Pratique : Quelques Exemples

Le discernement spirituel ne se limite pas à la détection des faux pasteurs et des enseignements erronés, mais s'étend également à la manière dont nous vivons notre foi au quotidien. Voici quelques exemples pratiques :

- **Discerner les motivations derrière les actions et les paroles**

Un chrétien doit être capable de discerner les véritables motivations d'une personne qui prétend être un leader spirituel. Est-ce que ses actions reflètent l'humilité, la sincérité et l'amour de Dieu, ou cherche-t-il à promouvoir son propre intérêt ? Jésus a dit dans Matthieu 7, 16 : « Vous les reconnaîtrez à leurs fruits. » Le discernement nous aide à comprendre si les fruits des actions d'une personne sont bons ou mauvais.

- **Discerner les esprits dans les situations quotidiennes**

Le discernement spirituel peut aussi s'appliquer dans nos choix de vie quotidiens. Par exemple, en matière de loisirs, de relations, de travail, etc., le chrétien doit être capable de discerner si ces activités et choix honorent Dieu ou s'ils l'éloignent de Sa volonté.

Conclusion

Le discernement spirituel est un élément vital de la vie chrétienne. Dans un monde où les faux pasteurs et les faux enseignements sont présents, il est crucial d'apprendre à discerner la vérité de l'erreur. Le discernement permet de se protéger des pièges de Satan, de rester fidèle à la Parole de Dieu, et de préserver l'unité et la pureté de l'Église. En nous nourrissant de la Bible, en vivant dans la prière et en cherchant la guidance du Saint-Esprit, nous pouvons développer un discernement affiné et être mieux préparés à affronter les défis spirituels du monde actuel.

Chapitre 4

Le Caractère d'un Vrai Pasteur selon la Bible

Le pasteur, dans son rôle spirituel, est appelé à être un guide, un protecteur et un enseignant pour le peuple de Dieu. Cependant, il existe une distinction essentielle entre un vrai pasteur et un faux pasteur : le caractère. La Bible présente un ensemble de qualités que chaque pasteur véritable doit incarner, non seulement dans sa prédication, mais aussi dans sa vie quotidienne. Un vrai pasteur est un modèle à suivre, et son caractère est le reflet de l'amour et de la justice de Dieu. Ce chapitre explore le caractère d'un vrai pasteur selon les Écritures et comment ces caractéristiques distinguent un pasteur véritable des faux enseignants.

1. Un Vrai Pasteur Est Un Serviteur Avant Tout

Le cœur du ministère pastoral selon la Bible est le service. Jésus lui-même a donné l'exemple parfait de ce qu'est un vrai pasteur. Dans Matthieu 20, 26-28, Jésus enseigne à ses disciples : « Quoique vous appeliez maîtres, vous ne devez pas être comme eux ; mais celui qui veut être le plus grand parmi vous, qu'il soit votre serviteur. » Jésus, en tant que Pasteur suprême, ne venait pas pour être servi, mais pour servir et donner sa vie pour ses brebis (Matthieu 20, 28). Un vrai pasteur, selon la Bible, ne recherche pas sa propre gloire, mais l'intérêt des autres, et son ministère est marqué par l'humilité.

Le pasteur ne doit jamais se comporter comme un chef autoritaire ou manipulateur, mais plutôt comme un serviteur humble qui cherche à répondre aux besoins spirituels et matériels des membres de l'Église. Il est l'illustration vivante de ce que Paul a écrit dans Philippiens 2, 3-4 : « Ne faites rien par esprit de rivalité ou de vaine gloire, mais que l'humilité vous fasse regarder les autres comme étant au-dessus de vous-mêmes. Que chacun de vous, au lieu de regarder à ses propres intérêts, regarde aussi à ceux des autres. »

2. Un Vrai Pasteur Doit Être Un Modèle de Vie Sainte

Un pasteur véritable est celui qui incarne la sainteté et la justice de Dieu dans sa vie personnelle. Il doit mener une vie qui reflète les enseignements qu'il proclame. Paul exhorte Timothée dans 1 Timothée 4, 12 : « Que personne ne méprise ta jeunesse, mais sois un modèle pour les croyants, en parole, en conduite, en amour, en foi, en pureté. » Le caractère d'un vrai pasteur doit être irréprochable, non seulement en public, mais aussi en privé.

Il doit être un exemple de la vie chrétienne dans toutes ses dimensions :

- **En parole** : Un pasteur véritable veille à ce que ses paroles soient toujours édifiantes, véridiques et empreintes de sagesse, qu'elles soient prononcées en prière ou en conversation.
- **En conduite** : Sa conduite doit être irréprochable, évitant le scandale et les comportements qui pourraient ternir l'image de Christ dans l'Église.
- **En amour** : L'amour véritable doit être au cœur de tout ce qu'il fait. Il aime son troupeau de manière désintéressée et sacrificielle, à l'exemple de Jésus, le Bon Pasteur, qui a donné sa vie pour ses brebis (Jean 10, 11).
- **En foi** : Il doit marcher par la foi, non par la vue, et encourager ses brebis à faire de même.
- **En pureté** : Son comportement moral doit être irréprochable, en particulier en ce qui concerne la sexualité, les finances et la gestion du pouvoir.

3. Un Vrai Pasteur Est Un Enseignant Fidèle de la Parole de Dieu

L'une des responsabilités principales d'un pasteur est de transmettre fidèlement la Parole de Dieu. Paul exhorte Timothée à être « un ouvrier qui n'a pas à rougir, qui divise bien la parole de la vérité » (2 Timothée 2, 15). Cela implique une étude approfondie des Écritures et une capacité à expliquer la vérité de manière claire, applicable et pertinente pour la vie quotidienne des croyants.

Le pasteur ne doit pas chercher à plaire aux hommes ou à adapter la Parole de Dieu selon les tendances culturelles ou populaires. Il doit plutôt prêcher la vérité en toute sa pureté, même si cela est inconfortable pour certains. L'appel de Dieu à prêcher sa Parole est un mandat sacré, et celui qui en est chargé doit être un exemple d'intégrité et de fidélité.

Paul rappelle aux anciens dans Actes 20, 28-30 de veiller sur l'Église de Dieu, en déclarant : « Prenez donc garde à vous-mêmes et à tout le troupeau, sur lequel l'Esprit Saint vous a établis évêques, pour paître l'Église de Dieu, qu'il s'est acquise par son propre sang. »

4. Un Vrai Pasteur Doit Avoir un Cœur Plein de Compassion pour Son Troupeau

Le cœur du vrai pasteur est marqué par une profonde compassion pour ses brebis. Jésus, lorsqu'il regardait les foules, « fut ému de compassion pour elles, parce qu'elles étaient dans le dénuement et comme des brebis qui n'ont pas de berger » (Matthieu 9, 36). Un vrai pasteur doit être sensible aux luttes spirituelles, émotionnelles et physiques de son peuple. Il doit être prêt à prendre soin de ceux qui sont perdus, brisés, ou désemparés.

Le pasteur doit chercher activement à connaître ses brebis, à prier pour elles et à les accompagner dans leurs moments difficiles. Il doit être un consolateur, un conseiller, et un modèle d'écoute attentive et de compassion. Dans 1 Pierre 5, 2-3, Pierre dit : « Paître le troupeau de Dieu qui est parmi vous, en veillant sur lui, non pas par contrainte, mais volontairement, selon Dieu ; non pas pour un gain sordide, mais avec un ardent dévouement ; non en dominant sur ceux qui vous sont confiés, mais en étant des modèles pour le troupeau. »

5. Un Vrai Pasteur Est Un Protecteur de la Foi et des Âmes

Le pasteur véritable est aussi un protecteur de la foi et de l'âme de ses brebis. Il doit être vigilant contre les faux enseignants, les doctrines hérétiques, et les influences qui cherchent à détourner les croyants de la vérité. Dans Actes 20, 28-31, Paul avertit les anciens de l'Église d'Éphèse : « Prenez garde à vous-mêmes et à tout le troupeau… car il viendra parmi vous des loups ravisseurs, qui ne ménageront pas le troupeau. »

Le pasteur doit se tenir ferme dans la vérité et défendre les enseignements essentiels du christianisme, en protégeant le peuple de Dieu contre les attaques doctrinales et spirituelles. Il doit également être un protecteur des plus vulnérables au sein de l'Église, en particulier ceux qui sont spirituellement faibles ou en danger.

6. Un Vrai Pasteur Doit Être Prudent et Discernant

Le pasteur véritable doit faire preuve de sagesse et de discernement dans sa conduite. Il doit être capable de discerner les besoins spirituels de ses brebis et de répondre aux situations avec sagesse. La prudence et le discernement sont essentiels pour éviter les pièges du monde, les faux enseignants et les distractions qui peuvent détourner l'Église de son appel principal.

Paul exhorte les pasteurs à être sobres, vigilants, et à faire preuve de discernement dans 1 Timothée 3, 2-3 : « Il faut donc que l'évêque soit irréprochable, mari d'une seule femme, sobre, prudent, modéré, hospitalier, apte à enseigner. »

Conclusion

Le caractère d'un vrai pasteur, tel qu'il est décrit dans la Bible, est fondé sur des principes de service, d'humilité, de sainteté, de fidélité à la Parole de Dieu, de compassion, et de discernement. Un pasteur véritable est un modèle pour son troupeau, non seulement par ses paroles, mais surtout par ses actions. Il sert, enseigne, protège, et guide les croyants avec un cœur rempli de l'amour de Dieu. En suivant l'exemple du Bon Pasteur, Jésus-Christ, un pasteur véritable mène son peuple sur le chemin de la vérité, de la justice et de la vie éternelle.

Chapitre 5

L'Appât du Gain : Un Indicateur des Faux Pasteurs

L'un des signes les plus évidents de faux pasteurs dans l'Église est leur désir insatiable de richesse et de profit personnel. Ce chapitre explore comment l'appât du gain sert de témoin à l'existence de faux pasteurs et comment ce désir de richesse peut fausser leur ministère. La Bible est claire sur ce point : ceux qui sont animés par l'appât du gain n'ont pas le cœur du véritable serviteur de Dieu. Au contraire, ils se servent des brebis de Dieu pour satisfaire leurs propres désirs égoïstes.

1. L'Appât du Gain : Un Signe d'Aversion au Véritable Ministère

L'un des traits caractéristiques des faux pasteurs est leur recherche obsessionnelle de la richesse matérielle. En effet, dans 1 Timothée 6, 5, Paul parle de ceux qui « sont dépravés d'esprit et privés de la vérité, qui estiment que la piété est une source de gain. » L'appât du gain motive de nombreux faux pasteurs à transformer leur ministère en une entreprise lucrative, cherchant à tirer profit de la crédulité des croyants plutôt que de les nourrir spirituellement. Cette quête de gain matériel est un signe d'illusion spirituelle, où le véritable ministère est perverti par la cupidité et l'égoïsme.

Jésus, dans Matthieu 6, 24, a enseigné : « Nul ne peut servir deux maîtres. Vous ne pouvez servir Dieu et Mammon. » Mammon est une personnification de l'argent ou de la richesse, et Jésus nous met en garde contre l'idolâtrie de l'argent. Un pasteur qui met l'argent avant les âmes des croyants, qui manipule l'Évangile pour accumuler des biens matériels, est un faux pasteur. Il utilise la foi et la communauté chrétienne comme un moyen pour satisfaire ses propres désirs mondains.

2. La Recherche de Richesses Matérielles : Une Idée Étrangère au Ministère de Jésus

Jésus, le modèle ultime de pasteur, a incarné la pauvreté volontaire et le service désintéressé. Dans Luc 9, 58, il déclare : « Les renards ont des trous, et les oiseaux du ciel ont des nids ; mais le Fils de l'homme n'a pas où reposer sa tête. » Jésus n'a jamais cherché à s'enrichir, ni à accumuler des biens matériels. Il a servi avec humilité et a prêché l'Évangile gratuitement. Son but n'était pas de bâtir un empire matériel, mais de sauver des âmes.

Les vrais pasteurs suivent l'exemple de Jésus, en mettant les besoins spirituels des croyants au-dessus de leurs propres intérêts matériels. Un pasteur qui poursuit la richesse à tout prix se détourne de l'esprit du Christ. Les faux pasteurs, en revanche, interprètent l'Évangile comme une « marchandise » dont ils peuvent tirer profit.

3. Les Faux Pasteurs et la Perception Erronée de la Prospérité

Un des enseignements les plus répandus parmi les faux pasteurs est la théologie de la prospérité, parfois appelée « évangile de la prospérité ». Ce message enseigne que la foi chrétienne doit conduire à la richesse et à la santé. Les faux pasteurs qui prêchent ce type de message manipulent les croyants, leur faisant croire qu'en donnant de l'argent à l'église ou à eux-mêmes, ils seront bénis avec des gains matériels. Cette doctrine, loin de suivre les enseignements de Jésus, incite les gens à rechercher la richesse plutôt que Dieu.

Paul avertit clairement dans 1 Timothée 6, 9-10 : « Ceux qui veulent devenir riches tombent dans la tentation et dans le piège, et dans beaucoup de désirs futiles et nuisibles, qui plongent les hommes dans la ruine et la perdition. Car l'amour de l'argent est la racine de tous les maux. » Les faux pasteurs, séduits par l'amour de l'argent, égarent les croyants et leur font croire qu'ils sont bénis uniquement lorsque leur compte bancaire est plein. Mais cette mentalité est une perversion de l'Évangile. Jésus, en revanche, a enseigné que la véritable richesse vient de la vie en lui et de la recherche du royaume de Dieu, pas de l'accumulation de biens matériels (Matthieu 6, 33).

4. Les Signes de l'Appât du Gain chez les Faux Pasteurs

Il existe plusieurs comportements qui montrent qu'un pasteur est motivé par l'appât du gain plutôt que par un véritable souci des âmes. Ces signes sont des indicateurs de faux pasteurs :

- **Demander des dons exagérés** : Les faux pasteurs insistent lourdement sur des dons financiers, souvent en utilisant des promesses irréalistes de bénédictions divines en retour. Ils demandent à leurs membres de donner une grande partie de leurs ressources sous l'illusion qu'ils sont bénis par Dieu.
- **Exploitation des faibles et des vulnérables** : Un faux pasteur cible souvent les personnes dans le besoin, promettant des bénédictions matérielles ou une guérison en échange de dons financiers importants. Il peut exploiter la foi et la générosité des membres pour en tirer profit.
- **Vivre dans l'excès** : Les faux pasteurs mènent une vie de luxe et d'abondance qui contraste avec la simplicité de l'Évangile. Si un pasteur vit dans un excès flagrant de richesse tandis que ses membres luttent pour répondre à leurs besoins, cela révèle un problème profond.
- **Manipulation par la peur et la culpabilité** : Certains faux pasteurs utilisent des tactiques de manipulation pour pousser les croyants à donner, en semant la peur de malédictions divines ou de retards dans leurs bénédictions s'ils n'offrent pas suffisamment.

5. Le Danger de Laisser L'Appât du Gain Influencer le Ministère

L'un des plus grands dangers de l'appât du gain dans le ministère pastoral est qu'il peut mener à une fausse conception de la foi et à un dévoiement de l'Évangile. Lorsque l'argent devient une priorité, les vérités essentielles du message chrétien – la repentance, la sanctification, et la vie éternelle – sont compromises. Un pasteur qui se concentre sur l'argent perd de vue le but réel de son appel : sauver les âmes et conduire les croyants à une relation intime avec Dieu.

De plus, la recherche de richesse conduit souvent à des compromis. Un faux pasteur peut accepter des comportements immoraux, tolérer des péchés dans l'église, ou prêcher des messages édulcorés pour ne pas perdre la faveur des membres riches. Le cœur du vrai pasteur, au contraire, est de chercher à plaire à Dieu plutôt qu'aux hommes, même si cela entraîne des sacrifices personnels.

6. L'Appel à la Pureté du Ministère : Rejeter l'Amour de l'Argent

La Bible appelle les pasteurs véritables à rejeter l'amour de l'argent et à chercher d'abord le royaume de Dieu. Jésus a dit dans Matthieu 6, 19-21 : « Ne vous amassez pas de trésors sur la terre, où la rouille et les vers détruisent, et où les voleurs percent et dérobent. Mais amassez-vous des trésors dans le ciel… car là où est ton trésor, là aussi sera ton cœur. » Le pasteur doit avoir le cœur fixé sur les trésors célestes, et non sur les richesses terrestres.

Paul, dans 1 Timothée 6, 6-8, rappelle que « la piété avec contentement est une grande source de gain. » Un pasteur véritable doit se contenter de ce qu'il a, sans chercher à s'enrichir à tout prix. L'objectif du pasteur n'est pas de gagner de l'argent, mais de voir les âmes sauvées et transformées par l'Évangile de Jésus-Christ.

Conclusion

L'appât du gain est l'un des plus grands indicateurs d'un faux pasteur. Ces derniers utilisent le ministère comme un moyen de s'enrichir et de satisfaire leurs désirs personnels, détournant ainsi les croyants du véritable message de l'Évangile. En revanche, un vrai pasteur suit l'exemple de Jésus, servant avec humilité et recherchant les trésors célestes plutôt que les richesses terrestres. Le ministère pastoral ne doit jamais être une entreprise lucrative, mais un appel sacré à servir Dieu et à édifier son peuple. Que chaque pasteur, et chaque chrétien, se souvienne que l'amour de l'argent est la racine de tous les maux et que notre trésor véritable se trouve dans la vie éternelle avec Dieu.

Chapitre 6

L'Abus de Pouvoir et de Manipulation

L'abus de pouvoir et la manipulation spirituelle sont des tactiques fréquemment utilisées par les faux pasteurs pour contrôler et exploiter les membres de l'Église. Dans ce chapitre, nous explorons comment l'usage incorrect de l'autorité pastorale peut nuire à la communauté chrétienne et détourner les croyants de la véritable vision du ministère chrétien, qui est fondée sur l'amour, le service et la vérité. L'usage du pouvoir à des fins personnelles et manipulatrices constitue l'une des plus grandes menaces à l'intégrité du ministère pastoral.

1. La Nature de l'Autorité Pastorale

L'autorité pastorale est un don de Dieu, et elle doit être utilisée avec sagesse, humilité et responsabilité. Le pasteur est appelé à guider, enseigner et protéger les brebis de Dieu, non à exercer un contrôle tyrannique ou à manipuler les membres de l'Église pour ses propres intérêts. L'autorité pastorale se fonde sur la Parole de Dieu et le modèle de Christ, qui a exercé une autorité pleine de grâce et d'humilité. Jésus a dit dans Marc 10, 42-45 : « Vous savez que ceux qui sont considérés comme gouvernants des nations les dominent… mais il n'en doit pas être ainsi parmi vous. »

Les pasteurs doivent se rappeler que leur autorité découle de leur rôle de serviteurs, appelés à être des modèles de conduite chrétienne. L'autorité spirituelle ne doit jamais se transformer en un pouvoir abusif ou en une domination sur les autres, mais plutôt en un service humble et désintéressé.

2. L'Abus de Pouvoir : Une Tentation de Contrôler et d'Exploiter

Les faux pasteurs, par contre, cherchent à utiliser leur position pour contrôler et exploiter les membres de l'Église. Cela peut se manifester de plusieurs manières :

- **Exiger une obéissance aveugle** : Les faux pasteurs peuvent demander une soumission totale et inconditionnelle de la part de leurs membres, leur faisant croire qu'il est dangereux ou pécheur de contester leur autorité. Ils cherchent à créer un climat de peur et de dépendance, où les croyants se sentent incapables de prendre des décisions spirituelles sans leur direction.
- **Manipuler les émotions et la pensée des membres** : Un faux pasteur peut manipuler les émotions des croyants en jouant sur leur culpabilité, leurs peurs ou leurs faiblesses. Il peut utiliser des sermons émotionnels pour inciter les gens à faire des choix qui servent ses propres intérêts, plutôt que de les guider vers la vérité biblique.
- **Imposer des règles humaines au lieu de la liberté en Christ** : Les faux pasteurs aiment imposer des traditions ou des règles personnelles qui n'ont aucun fondement biblique, afin de garder un contrôle sur les croyants. Ils peuvent même se présenter comme des « médiateurs » entre Dieu et les membres, forçant ces derniers à les consulter pour chaque décision de leur vie.

3. La Manipulation Spirituelle : Utiliser la Foi à des Fins Égoïstes

La manipulation spirituelle est un autre aspect de l'abus de pouvoir. Elle consiste à exploiter la foi des autres pour obtenir des avantages personnels, qu'il s'agisse d'argent, de prestige, ou de contrôle. Dans ce cas, le pasteur utilise des enseignements déformés ou des pressions émotionnelles pour orienter les croyants vers des actions qui ne sont pas selon la volonté de Dieu.

Quelques exemples de manipulation spirituelle incluent :

- **Prêcher des messages d'obéissance aveugle** : Certains faux pasteurs insistent sur la nécessité de suivre leur autorité sans remise en question, les plaçant comme l'unique source de vérité. Cela détruit la relation personnelle entre le croyant et Dieu, en empêchant les membres de discerner eux-mêmes la volonté de Dieu pour leur vie.

- **Exploiter la dépendance émotionnelle des membres** : Les faux pasteurs peuvent manipuler les croyants en suscitant une dépendance émotionnelle à leur égard. Par exemple, ils pourraient encourager les membres à confier tous leurs problèmes personnels à l'Église, et exploiter cette confiance pour influencer leurs décisions et leurs actions.

- **Prendre avantage des plus vulnérables** : Les faux pasteurs peuvent cibler les membres plus fragiles spirituellement ou émotionnellement, les rendant dépendants de leurs conseils et de leurs services pour satisfaire leurs besoins personnels. Cela peut inclure des conseils financiers abusifs, ou des sollicitations pour des dons exagérés, créant ainsi un climat d'exploitation.

4. L'Attitude du Vrai Pasteur Face à l'Autorité

Le vrai pasteur, selon la Bible, ne cherche pas à exercer une domination, mais plutôt à servir et à protéger son troupeau. Jésus est le parfait exemple de ce modèle d'autorité, servant ses disciples avec humilité et sacrifice. Dans Jean 13, 12-15, après avoir lavé les pieds de ses disciples, Jésus leur dit : « Vous m'appelez Maître et Seigneur, et vous avez raison, car je le suis. Si donc je vous ai lavé les pieds, moi le Seigneur et le Maître, vous devez aussi vous laver les pieds les uns les autres. »

Un vrai pasteur reconnaît que son autorité est donnée par Dieu pour servir les autres, et non pour les contrôler. Il se doit de nourrir spirituellement les croyants, d'encourager leur croissance et de leur fournir des ressources pour qu'ils puissent vivre une vie chrétienne épanouie. Sa principale préoccupation est de faire grandir l'Église dans la foi et non d'acquérir de l'influence personnelle ou du pouvoir.

5. Les Conséquences de l'Abus de Pouvoir sur les Membres de l'Église

L'abus de pouvoir et de manipulation a des conséquences graves sur les membres de l'Église. Voici quelques-unes des conséquences les plus destructrices :

- **L'isolement spirituel** : Les faux pasteurs cherchent à séparer les membres de l'Église de la vérité biblique et de leur propre discernement spirituel. Cela peut conduire à un isolement spirituel où les croyants ne savent plus comment entendre la voix de Dieu par eux-mêmes.
- **La perte de la liberté en Christ** : Un pasteur qui abuse de son autorité empêche les membres d'exercer leur liberté chrétienne. Jésus nous a appelés à être libres en Lui (Jean 8, 36), et un faux pasteur cherche à emprisonner les membres sous une fausse autorité.
- **La division dans l'Église** : L'abus de pouvoir et la manipulation spirituelle divisent les croyants. Ils peuvent créer des luttes de pouvoir, de la méfiance et des conflits internes, qui nuisent à la communion de l'Église. Dans 1 Pierre 5, 3, Pierre exhorte les pasteurs à ne pas « dominer » sur ceux qui leur sont confiés, mais à être des exemples pour le troupeau.

6. L'Appel à l'Intégrité et à la Responsabilité Spirituelle

L'intégrité est essentielle pour toute personne exerçant une autorité spirituelle. Un pasteur doit être responsable devant Dieu pour la manière dont il exerce son ministère. Dans Hébreux 13, 17, il est écrit : « Obéissez à vos conducteurs et soyez-leur soumis, car ils veillent sur vos âmes, comme devant en rendre compte. » Les pasteurs seront un jour tenus responsables de la manière dont ils ont exercé leur autorité et de l'impact qu'ils ont eu sur la vie des croyants.

L'appel est donc clair : ceux qui occupent des positions d'autorité dans l'Église doivent le faire avec respect, humilité et amour. Ils doivent prendre soin de l'âme des croyants, tout en étant conscients de la gravité de leur rôle. L'abus de pouvoir n'a pas sa place dans l'Église de Dieu.

Conclusion

L'abus de pouvoir et la manipulation spirituelle sont des caractéristiques typiques des faux pasteurs. Ceux qui cherchent à dominer, manipuler ou exploiter les croyants pour des gains personnels détournent l'Église de sa mission première : glorifier Dieu et édifier le corps de Christ. Le vrai pasteur, à l'image de Jésus, est un serviteur humble, cherchant à guider et à protéger ses brebis avec amour et intégrité. Il est un modèle de comportement chrétien et un reflet de l'amour de Dieu, et son autorité est exercée dans le respect et la responsabilité devant Dieu. Dans l'Église, il n'y a pas de place pour l'abus de pouvoir ; l'autorité spirituelle doit toujours être utilisée pour servir et non pour contrôler.

Chapitre 7

Les Faux Miracles et Manifestations Surnaturelles

Les miracles et les manifestations surnaturelles sont des éléments essentiels de la foi chrétienne, témoignant de la puissance de Dieu agissant dans le monde. Cependant, tout comme il existe des véritables miracles opérés par Dieu, il y a aussi de faux miracles, qui peuvent être utilisés par des faux pasteurs pour tromper et manipuler les croyants. Dans ce chapitre, nous explorons les faux miracles et manifestations surnaturelles, en soulignant comment les discerner et comprendre leur véritable origine à la lumière de la Parole de Dieu.

1. L'Importance des Miracles dans la Bible

Les miracles sont présents tout au long des Écritures et témoignent de l'intervention directe de Dieu dans le monde. Dans l'Ancien Testament, des miracles tels que la traversée de la mer Rouge par les Israélites (Exode 14) et la multiplication des pains (1 Rois 17 ; 8-16) illustrent la puissance de Dieu pour sauver, nourrir et protéger son peuple. Dans le Nouveau Testament, Jésus a accompli de nombreux miracles pour démontrer qu'il est le Fils de Dieu, et pour attirer les âmes vers lui. Il a guéri les malades, chassé les démons, ressuscité les morts et nourri les foules affamées.

Les miracles dans la Bible ont un but précis : glorifier Dieu et confirmer la vérité du message de l'Évangile. Ils servent de signes qui montrent l'autorité divine de Jésus et des apôtres, afin que les gens croient en Lui et soient sauvés. Jésus lui-même a dit dans Jean 14, 11 : « Croyez-moi, je suis dans le Père et le Père est en moi ; ou du moins croyez à cause des œuvres elles-mêmes. »

2. La Présence de Faux Miracles dans les Derniers Temps

L'une des réalités préoccupantes dans l'Église contemporaine est l'augmentation des prétendus miracles et manifestations surnaturelles, qui ne sont pas authentiques, mais ont des racines occultes ou sont fabriqués pour tromper les croyants. Jésus a averti dans Matthieu 24, 24 : « Car il s'élèvera de faux christs et de faux prophètes ; ils feront de grands prodiges et des miracles, de sorte qu'ils séduiraient, si cela était possible, même les élus. » Ces faux miracles sont des moyens puissants utilisés par les faux pasteurs pour attiser l'émotion, susciter l'adoration, et obtenir de l'influence, souvent dans des buts personnels, matériels, ou de contrôle.

Les faux pasteurs peuvent se livrer à des pratiques occultes pour produire des signes extérieurs qui semblent être miraculeux, mais qui ne sont pas l'œuvre de l'Esprit de Dieu. Ces miracles peuvent inclure des guérisons supposées, des prophéties mensongères, des manifestations de pouvoir surnaturel ou des « révélations » divines manipulatrices.

3. Les Types de Faux Miracles

Il existe plusieurs types de faux miracles qui peuvent être utilisés pour tromper les croyants :

- **Guérisons simulées** : Les faux pasteurs peuvent organiser des événements où des guérisons miraculeuses sont prétendument réalisées. Ces guérisons peuvent être simulées à travers des techniques de manipulation psychologique ou physique. Dans certains cas, les guérisons sont exagérées, ou des témoignages de guérisons sont inventés, créant une illusion de puissance surnaturelle. Parfois, il s'agit simplement de personnes qui étaient déjà guéries ou de remèdes médicaux non divulgués.

- **Manifestations émotionnelles manipulées** : Dans des rassemblements charismatiques, il peut y avoir des « manifestations » telles que des chutes, des rires incontrôlables ou des tremblements qui sont présentés comme des signes de l'Esprit Saint. Bien que certaines manifestations soient authentiques, ces comportements peuvent également être provoqués par des manipulations psychologiques ou émotionnelles, plutôt que par l'Esprit de Dieu.
- **Prophéties fausses** : De faux prophètes peuvent revendiquer des révélations surnaturelles, comme des visions ou des paroles de connaissance, mais qui ne se réalisent pas ou qui ne correspondent pas à la vérité biblique. Ces prophéties fausses cherchent à manipuler les croyants pour qu'ils suivent l'agenda du pasteur ou du leader spirituel.
- **Miracles financiers** : Certains faux pasteurs prétendent effectuer des miracles financiers, comme la multiplication d'argent, afin d'inciter les membres de l'Église à donner plus d'argent ou à participer à des pratiques financières douteuses. Ces faux miracles sont souvent accompagnés de promesses de bénédictions matérielles en échange de dons importants.

4. Le Discernement des Faux Miracles

Le discernement spirituel est essentiel pour détecter les faux miracles. Les croyants doivent être équipés pour tester les esprits et vérifier si les manifestations surnaturelles sont véritablement l'œuvre de Dieu. Voici quelques principes bibliques pour discerner les faux miracles :

- **La cohérence avec la Parole de Dieu** : Un véritable miracle accompli par l'Esprit Saint ne contredit jamais les Écritures. Les faux miracles, en revanche, sont souvent accompagnés de messages qui déforment ou contredisent la vérité biblique. 1 Jean 4, 1 nous exhorte à tester les esprits pour savoir s'ils viennent de Dieu. Si un miracle ou une manifestation va à l'encontre de la vérité de la Parole de Dieu, il doit être rejeté.

- **L'orientation vers Christ** : Un véritable miracle doit toujours glorifier Dieu et conduire les gens à Jésus-Christ. Les faux miracles, en revanche, cherchent à attirer l'attention sur l'homme ou à renforcer l'autorité du pasteur ou du leader, plutôt que de pointer vers le Christ. Dans Jean 15, 8, Jésus dit : « C'est ainsi que mon Père est glorifié, que vous portiez beaucoup de fruit et que vous soyez mes disciples. »

- **La véracité des fruits** : Jésus a dit dans Matthieu 7, 16-20 : « Vous les reconnaîtrez à leurs fruits. » Les vrais miracles produisent des fruits durables, tels que la repentance, la foi croissante, et l'amour pour Dieu et pour les autres. Les faux miracles peuvent produire des effets émotionnels temporaires, mais sans transformation réelle ou fruit spirituel. Si les membres de l'Église sont motivés par la recherche de signes spectaculaires plutôt que par un désir sincère de suivre Jésus, il s'agit probablement de faux miracles.

- **Les intentions derrière les miracles** : Un pasteur qui utilise des miracles pour récolter de l'argent, construire son propre empire ou gagner de l'influence est un faux pasteur. Les vrais miracles visent à manifester la gloire de Dieu et à édifier le corps de Christ, et non à répondre aux besoins ou aux désirs personnels du pasteur ou des leaders.

5. L'Utilisation des Miracles dans l'Église : Vérité ou Tromperie ?

L'utilisation de miracles dans l'Église doit toujours être guidée par le Saint-Esprit et non par des motivations humaines. Les miracles véritables ne doivent jamais être utilisés comme des spectacles ou comme des outils de manipulation. Malheureusement, dans certaines dénominations ou mouvements, des manifestations surnaturelles sont systématiquement associées à des méthodes de contrôle, de manipulation émotionnelle, ou à une quête de profits personnels. Cela détourne l'Église du véritable message de l'Évangile.

Les croyants doivent être particulièrement vigilants et ne jamais se laisser séduire par des manifestations spectaculaires sans évaluer leur origine et leur but à la lumière de la Parole de Dieu. Ce que Dieu désire avant tout, c'est que nous vivions selon Sa volonté, dans la vérité, et non dans la recherche de signes.

6. Les Dangers des Faux Miracles

Les faux miracles peuvent avoir des conséquences destructrices :

- **Perte de confiance en la vérité** : Les croyants peuvent devenir séduits par des signes miraculeux, en se concentrant plus sur l'expérience que sur la vérité des Écritures. Cela peut les amener à accepter des pratiques non bibliques et à perdre leur relation authentique avec Dieu.
- **Exploitation spirituelle** : Les faux pasteurs qui produisent des miracles fabriqués peuvent exploiter les croyants pour leur propre gain, les poussant à donner de l'argent, à suivre des enseignements erronés ou à adorer leur personnalité.
- **Affaiblissement de la foi** : En cas de désillusion ou d'échec des miracles promis, les croyants peuvent perdre leur foi ou développer de l'amertume envers Dieu. La véritable foi en Dieu repose sur Sa Parole et Son caractère, et non sur des manifestations spectaculaires.

Conclusion

Les faux miracles et manifestations surnaturelles sont des tactiques que les faux pasteurs utilisent pour manipuler les croyants et détourner leur attention de la véritable source de pouvoir et de transformation : Jésus-Christ. Les croyants doivent exercer un discernement spirituel pour reconnaître ces faux signes et se concentrer sur la Parole de Dieu, la prière et une vie de foi authentique. Les véritables miracles, lorsqu'ils se produisent, conduisent toujours à la gloire de Dieu et à la croissance spirituelle des croyants. Il est donc crucial d'examiner toutes les manifestations surnaturelles à la lumière des Écritures, afin de rester fermes dans la vérité.

Chapitre 8

Les Faux Pasteurs et Leur Relation avec l'Église

L'Église de Jésus-Christ est appelée à être une communauté unie, édifiée sur la vérité de l'Évangile et guidée par des leaders spirituels fidèles. Cependant, l'histoire et les Écritures nous montrent que certains individus, sous le titre de « pasteur » ou « leader spirituel », s'introduisent dans l'Église avec de mauvaises intentions. Ces faux pasteurs manipulent, divisent et déstabilisent l'Église pour leur propre gain, souvent en exploitant la confiance des croyants. Ce chapitre explore la relation complexe entre les faux pasteurs et l'Église, en exposant leurs stratégies pour prendre le contrôle, semer la division, et comment ces comportements peuvent être détectés et corrigés.

1. Le Rôle du Pasteur selon la Bible

Le rôle du pasteur est, selon les Écritures, celui d'un serviteur fidèle, appelé à nourrir spirituellement l'Église, à protéger le troupeau et à le guider vers la maturité chrétienne. Un pasteur, selon Éphésiens 4, 11-12, est un don de Dieu pour « équiper les saints en vue de l'œuvre du ministère, pour l'édification du corps de Christ ». Cela implique une conduite empreinte d'humilité, de sagesse et de responsabilité.

Les pasteurs doivent prendre soin des âmes des croyants, en prêchant la vérité biblique, en protégeant la communauté contre les hérésies et en encourageant une vie chrétienne authentique. Un pasteur fidèle ne cherche pas à construire son propre empire personnel, mais travaille pour l'édification du Corps de Christ et la gloire de Dieu. Un tel pasteur a une relation sincère avec l'Église, basée sur l'amour et le service.

2. La Stratégie des Faux Pasteurs pour Entrer dans l'Église

Les faux pasteurs, par contre, ont un agenda très différent. Leur objectif n'est pas de servir l'Église, mais de l'exploiter pour leur propre bénéfice, que ce soit en termes de pouvoir, d'argent, ou de prestige. Voici quelques stratégies qu'ils utilisent pour pénétrer dans l'Église et en prendre le contrôle :

- **Apparence de piété** : Un faux pasteur sait comment se présenter sous un jour favorable. Il peut sembler très spirituel, engagé, et charismatique. Il adopte un discours biblique convaincant et utilise des versets de la Bible pour justifier ses actions, manipulant parfois les Écritures pour séduire et manipuler les croyants. Comme Jésus l'a averti, « par leurs fruits vous les reconnaîtrez » (Matthieu 7, 16).

- **Exploitation de la vulnérabilité** : Les faux pasteurs exploitent souvent les vulnérabilités des croyants, en particulier ceux qui traversent des périodes difficiles de leur vie (deuil, crise familiale, problèmes financiers, etc.). Ils offrent des solutions apparemment spirituelles mais souvent centrées sur eux-mêmes ou sur des pratiques non bibliques, profitant des personnes fragiles pour gagner leur confiance et les manipuler.

- **Création de dépendance spirituelle** : Un faux pasteur cherche à rendre les membres de l'Église dépendants de lui, et non de Dieu. Il peut encourager une relation exclusive où ses conseils sont perçus comme l'unique voie vers la bénédiction divine. Ce type de dépendance empêche les croyants de développer leur propre discernement spirituel et de grandir dans leur foi de manière indépendante.

3. L'Impact des Faux Pasteurs sur l'Église

Les faux pasteurs ont un impact profond et négatif sur l'Église, non seulement sur les individus, mais aussi sur la communauté dans son ensemble. Leur influence peut entraîner :

- **Divisions dans l'Église** : L'un des objectifs d'un faux pasteur est de semer la discorde et de diviser l'Église. En jouant sur les tensions internes, en créant des conflits ou en opposant des groupes au sein de l'Église, il peut déstabiliser la communauté. Comme le dit Paul dans Actes 20, 29-30, « je sais qu'après mon départ, des loups ravisseurs entreront parmi vous, et ne ménageront pas le troupeau. »

- **Altération de l'enseignement doctrinal** : Un faux pasteur peut introduire des enseignements erronés qui, bien qu'apparemment bibliques, déforment la vérité de l'Évangile. Ces faux enseignements peuvent mener les croyants à une foi superficielle, basée non sur la Parole de Dieu, mais sur des idéologies personnelles ou des doctrines étrangères. Ces enseignements erronés affaiblissent la fondation doctrinale de l'Église.

- **Exploitation financière** : De nombreux faux pasteurs utilisent leur position pour exploiter financièrement les membres de l'Église. Ils peuvent imposer des demandes de dons excessifs, promettre des bénédictions matérielles en échange d'offrandes généreuses, ou exploiter la fidélité financière des croyants pour bâtir un empire personnel. L'Apôtre Paul avertit dans 1 Timothée 6, 10 que « l'amour de l'argent est la racine de tous les maux », et certains faux pasteurs sont motivés par un désir insatiable de richesse.

4. Les Comportements Manipulateurs des Faux Pasteurs au Sein de l'Église

Les faux pasteurs utilisent divers comportements manipulateurs pour maintenir leur contrôle sur l'Église. Parmi ces comportements, on trouve :

- **L'isolement spirituel** : Un faux pasteur peut encourager ou forcer les membres à éviter les relations avec d'autres chrétiens ou Églises, en présentant l'Église sous son autorité comme étant la seule véritable communauté de croyants. Ce contrôle social et spirituel empêche les membres de voir d'autres perspectives et les empêche de se rendre compte de l'isolement et de la manipulation dans laquelle ils sont plongés.

- **L'attaque des critiques et des leaders fidèles** : Les faux pasteurs cherchent à discréditer toute personne qui ose les remettre en question ou dénoncer leur comportement. Ils peuvent attaquer les leaders spirituels authentiques, créant une atmosphère de méfiance et de peur. Ceux qui s'opposent à leurs pratiques sont souvent accusés de manquer de foi, ou d'être des instruments du diable.

- **L'utilisation de la culpabilisation et de la peur** : Pour garder un contrôle absolu, les faux pasteurs jouent souvent sur la culpabilité des membres. Ils peuvent leur faire croire que s'ils ne suivent pas à la lettre les ordres du pasteur, ils sont en rébellion contre Dieu. Cela crée une atmosphère de peur et de soumission.

5. Le Discernement de la Vérité dans l'Église

Il est crucial que les membres de l'Église exercent un discernement spirituel pour reconnaître les faux pasteurs et leur impact destructeur. Voici quelques principes bibliques qui aident à discerner un faux pasteur :

- **La fidélité à la Parole de Dieu** : Un vrai pasteur enseignera toujours conformément à la Parole de Dieu. Il ne déformera pas les Écritures pour les adapter à ses propres désirs ou pour manipuler les autres. L'enseignement d'un pasteur doit être examiné à la lumière de la Bible, et non de ses propres opinions ou intérêts personnels.

- **Le fruit spirituel** : Jésus a dit dans Matthieu 7, 20 : « Vous les reconnaîtrez à leurs fruits. » Les fruits d'un vrai pasteur se manifestent dans une vie chrétienne authentique et un ministère qui conduit les croyants à la repentance, à la prière, à l'amour fraternel et à la sanctification. Les faux pasteurs, en revanche, produisent des fruits amers, comme la division, la manipulation et l'exploitation.

- **Le service humble et désintéressé** : Un pasteur fidèle sert sans rechercher la gloire personnelle, mais pour l'honneur de Dieu et pour l'édification du corps de Christ. Un faux pasteur, par contre, recherche la gloire personnelle, le pouvoir, et la reconnaissance humaine.

6. La Protection de l'Église Contre les Faux Pasteurs

Pour protéger l'Église contre les faux pasteurs, il est essentiel que les croyants :

- **Soient ancrés dans la Parole de Dieu** : Une connaissance profonde de la Bible permet de discerner les faux enseignements et de s'assurer que ce qui est prêché est conforme à la vérité de l'Évangile.
- **Prient pour les leaders spirituels** : La prière est essentielle pour que l'Église soit protégée des mauvais pasteurs et pour que les vrais pasteurs soient fortifiés dans leur ministère.
- **Veillent ensemble** : L'Église doit rester unie dans la vérité et se soutenir mutuellement dans le discernement. Il est crucial de maintenir une vigilance spirituelle collective face aux menaces extérieures et intérieures.

Conclusion

Les faux pasteurs sont des loups déguisés en brebis qui cherchent à détruire l'Église pour satisfaire leurs propres désirs. Leur relation avec l'Église est marquée par la manipulation, la division, et l'exploitation. Cependant, avec un discernement spirituel fondé sur la Parole de Dieu, l'Église peut résister à leurs attaques et demeurer fidèle à sa mission. Il est impératif que chaque croyant examine attentivement les fruits du ministère pastoral et recherche une direction spirituelle qui honore Dieu, protège le troupeau et promeut l'amour et la vérité en Christ.

Chapitre 9

L'Absence de Fruits Spirituels

L'une des façons les plus claires de discerner un faux pasteur est d'examiner les fruits spirituels produits par son ministère. Dans la Bible, les fruits spirituels sont des signes extérieurs qui manifestent la véritable transformation intérieure opérée par le Saint-Esprit dans la vie d'un croyant. Un véritable pasteur, guidé par l'Esprit de Dieu, produit ces fruits, qu'il s'agisse de l'amour, de la paix, de la patience ou de la bienveillance. Mais lorsque les fruits font défaut, cela peut être le signe d'une influence spirituelle déviante, voire fausse. Ce chapitre explore l'absence de fruits spirituels dans le ministère des faux pasteurs, en analysant ses causes, ses conséquences et les moyens de le détecter.

1. Les Fruits Spirituels : Un Indicateur Fondamental

Jésus a clairement enseigné dans Matthieu 7, 16-20 que « vous les reconnaîtrez à leurs fruits ». Les fruits spirituels sont des manifestations visibles du travail de l'Esprit de Dieu dans la vie d'un chrétien. Dans Galates 5, 22-23, l'Apôtre Paul énumère ces fruits, qui incluent l'amour, la joie, la paix, la patience, la bonté, la bienveillance, la fidélité, la douceur et la maîtrise de soi. Ces fruits sont des qualités qui grandissent dans le cœur des croyants à mesure qu'ils suivent Christ, non seulement dans leurs actions, mais aussi dans leurs pensées et leurs motivations profondes.

Le fruit spirituel n'est pas seulement le résultat de l'enseignement correct, mais également de la relation authentique d'un pasteur avec Dieu et de son obéissance à l'Esprit. Un pasteur fidèle, qui vit dans la vérité de l'Évangile, porte des fruits de sanctification et de service, car il reflète l'image de Christ. Ainsi, la qualité de son ministère et de son leadership spirituel peut être mesurée par la quantité et la qualité des fruits qu'il produit.

2. L'Absence de Fruits Spirituels chez les Faux Pasteurs

Les faux pasteurs, à l'opposé, peuvent donner l'apparence d'un ministère prospère, mais l'absence de fruits spirituels véritables est souvent le signe que leur ministère n'est pas fondé sur des principes bibliques solides. Cela peut se manifester de plusieurs manières :

- **Absence de transformation spirituelle** : Un vrai pasteur conduit les croyants à une transformation intérieure qui se reflète dans leur caractère et leur manière de vivre. Si, après avoir été sous la direction d'un pasteur, les membres de l'Église ne montrent aucun signe de croissance spirituelle, de repentance ou de sanctification, cela peut être un signe que le pasteur lui-même n'incarne pas les principes qu'il enseigne.

- **Ministère centré sur l'apparence plutôt que sur la vérité** : Les faux pasteurs mettent souvent l'accent sur des signes extérieurs comme la popularité, la richesse, ou le nombre de membres, plutôt que sur l'édification spirituelle réelle des croyants. Leur ministère est souvent centré sur des événements spectaculaires, des miracles fictifs ou des discours émotionnels qui attirent l'attention, mais qui laissent les croyants spirituellement vides et insatisfaits.

- **Manque de fruits collectifs dans l'Église** : Une Église dirigée par un faux pasteur est souvent marquée par des divisions, des conflits internes, et un manque d'unité. Le Saint-Esprit produit un fruit collectif dans l'Église, unité et amour fraternel. En revanche, les faux pasteurs favorisent la division, la méfiance et la compétition entre les membres. L'absence de paix et de fraternité est souvent un signe d'un ministère faussement dirigé.

3. Les Causes de l'Absence de Fruits Spirituels

L'absence de fruits spirituels dans le ministère d'un faux pasteur peut avoir plusieurs causes :

- **Manque de relation personnelle avec Dieu** : Un faux pasteur peut être un prédicateur talentueux, mais il peut manquer d'une relation véritable et intime avec Dieu. Sans cette connexion personnelle, il est impossible de porter des fruits spirituels durables. Jésus, dans Jean 15, 4-5, explique que sans Lui, nous ne pouvons rien faire : « Je suis le cep, vous êtes les sarments. Celui qui demeure en moi, et en qui je demeure, porte beaucoup de fruit, car sans moi vous ne pouvez rien faire. »

- **Motivations impures** : Les faux pasteurs peuvent être motivés par des désirs personnels, tels que la recherche du pouvoir, de l'argent ou de la reconnaissance. Ces motivations fausses entravent leur capacité à produire des fruits spirituels authentiques. Lorsqu'un pasteur cherche à satisfaire ses propres ambitions plutôt qu'à servir Dieu et son peuple, il devient stérile sur le plan spirituel.

- **Enseignement erroné** : Un pasteur qui prêche des enseignements déviants ou hérétiques empêche les croyants de grandir dans la vérité et de porter des fruits. La vérité de l'Évangile est le seul moyen par lequel les croyants peuvent être sanctifiés (Jean 17, 17). Lorsque le pasteur détourne la Parole de Dieu, il empêche les membres de l'Église de recevoir l'enseignement qui les édifiera spirituellement.

- **Absence de Saint-Esprit** : Le Saint-Esprit est la source de tous les fruits spirituels. Si un pasteur est guidé par son propre esprit ou par des motivations charnelles, l'Esprit de Dieu est absent de son ministère, ce qui empêche la manifestation des fruits spirituels véritables. L'absence de la conduite du Saint-Esprit dans le ministère d'un pasteur est donc une cause majeure de stérilité spirituelle.

4. Les Conséquences de l'Absence de Fruits Spirituels

L'absence de fruits spirituels dans la vie des croyants et dans l'Église a des conséquences sérieuses :

- **Fausse assurance spirituelle** : Les membres de l'Église peuvent être induits en erreur, pensant qu'ils sont dans un environnement spirituel sain alors qu'ils ne voient aucune transformation dans leur vie. L'absence de fruits spirituels peut conduire à une fausse assurance, où les croyants pensent être spirituellement matures alors qu'ils n'ont pas réellement progressé dans leur foi.
- **Manque de témoignage pour le monde** : Le fruit spirituel est un témoignage puissant pour le monde extérieur. Jésus a dit dans Jean 13, 35 : « C'est à l'amour que vous aurez les uns pour les autres que tous connaîtront que vous êtes mes disciples. » Un pasteur qui ne produit pas de fruits spirituels n'a pas un témoignage crédible, et son Église ne peut pas être une lumière dans le monde.
- **Risque de chute spirituelle** : Les faux pasteurs, en leur incapacité à produire des fruits spirituels, mettent les membres de l'Église en danger de chute spirituelle. Lorsque les croyants ne sont pas nourris par une saine doctrine et ne voient pas de fruits dans leur vie, ils risquent de perdre leur foi ou de se détourner de Dieu.

5. Comment Détecter et Réagir Face à l'Absence de Fruits Spirituels

- **Examinez les fruits** : Jésus nous appelle à examiner les fruits. Si un pasteur prêche la vérité mais ne produit pas de fruits spirituels dans sa propre vie et dans celle de ses membres, c'est un signe alarmant. Les croyants doivent être vigilants et ne pas se laisser séduire par des apparences extérieures ou des discours charismatiques.

- **Cherchez la sanctification** : La question centrale que chaque croyant doit poser est : "Est-ce que ce pasteur m'aide à croître spirituellement ?" Si un pasteur n'incite pas les membres de l'Église à la repentance, à la prière et à la sanctification, il est probable qu'il ne porte pas de fruits spirituels.

- **Recherchez un ministère fondé sur la Parole de Dieu** : Le seul moyen d'éviter les faux pasteurs et d'assurer une croissance spirituelle véritable est de rester attaché à la Parole de Dieu. Un pasteur qui enseigne fidèlement la Bible et qui met en pratique les principes bibliques dans sa vie sera un pasteur qui porte du fruit.

Conclusion

L'absence de fruits spirituels dans le ministère d'un faux pasteur est un signe évident de tromperie et de stérilité spirituelle. Les fruits spirituels sont la preuve de la présence de l'Esprit de Dieu et de la véritable transformation du cœur. Les croyants doivent être vigilants et ne jamais se laisser séduire par des leaders qui semblent impressionnants à l'extérieur mais qui manquent de fruits véritables. Seuls ceux qui restent attachés à Jésus, la vraie Vigne, porteront des fruits durables pour la gloire de Dieu.

Chapitre 10

L'Attachement à la Vérité et l'Esprit de Correction

L'un des principes les plus essentiels pour préserver l'intégrité de l'Église face aux faux pasteurs est l'**attachement à la vérité**. La vérité biblique est la fondation sur laquelle toute la vie chrétienne repose. Jésus Lui-même s'est présenté comme « le chemin, la vérité et la vie » (Jean 14, 6), et Il a donné à Ses disciples l'ordre de demeurer dans Sa parole (Jean 8, 31-32). Mais l'attachement à la vérité n'est pas seulement une question de savoir ce qui est juste ou faux, c'est aussi une question de *corriger* et de rétablir ceux qui s'éloignent de cette vérité. Ce chapitre explore l'importance de s'attacher à la vérité biblique, l'esprit de correction dans l'Église, et comment ces principes servent de balises pour protéger l'Église des faux pasteurs.

1. La Vérité : Fondement de la Foi Chrétienne

La vérité biblique est le cœur de l'Évangile. L'enseignement de Jésus, les Épîtres apostoliques et l'ensemble des Écritures constituent le critère absolu par lequel les croyants doivent évaluer tout enseignement, toute pratique et tout leader spirituel. L'attachement à la vérité est essentiel non seulement pour discerner le faux du vrai, mais aussi pour maintenir l'intégrité de la foi chrétienne au sein de l'Église.

- **L'importance de la vérité** : Jésus nous dit dans Jean 17, 17, « Sanctifie-les par ta vérité ; ta parole est la vérité. » Cette prière de Jésus souligne l'importance capitale de la vérité dans le processus de sanctification des croyants. La vérité permet aux croyants de croître dans la foi, de se protéger des erreurs doctrinales et de vivre une vie conforme à la volonté de Dieu.

- **La vérité comme fondation de l'unité de l'Église** : L'unité de l'Église repose sur la vérité partagée des Écritures. L'Apôtre Paul exhorte l'Église à « garder l'unité de l'Esprit par le lien de la paix » (Éphésiens 4, 3), mais cette unité ne peut être fondée que sur la vérité inaltérable de la Parole de Dieu. Si la vérité est compromise, l'unité de l'Église est également compromise.

2. L'Attachement à la Vérité Face aux Faux Pasteurs

L'un des dangers les plus graves posés par les faux pasteurs est qu'ils déforment la vérité de l'Évangile pour leur propre profit. Ces faux enseignants peuvent dévier de la parole de Dieu de manière subtile, en manipulant les Écritures, en prêchant des messages qui plaisent à l'oreille des auditeurs tout en ignorant les exigences du salut et de la sanctification.

- **Les faux pasteurs et leur manipulation de la vérité** : Ils peuvent enseigner des doctrines hérétiques, comme la prospérité à tout prix, l'ultra-optimisme spirituel sans prise en compte de la souffrance chrétienne, ou des pratiques non bibliques qui détournent les croyants de l'Évangile authentique. L'Écriture avertit clairement des faux enseignants : « Il viendra un temps où les gens ne supporteront pas la saine doctrine, mais ayant la démangeaison d'entendre des choses nouvelles, ils se donneront des docteurs selon leurs propres désirs » (2 Timothée 4, 3).

- **L'exemple des faux prophètes et faux pasteurs dans l'Ancien Testament** : L'Ancien Testament regorge d'exemples de faux prophètes qui séduisaient le peuple par des promesses de paix, de prospérité et de bénédictions, alors même que la vérité de Dieu appelait à la repentance. Jérémie 14, 14 dit : « Les prophètes prophétisent mensonge en mon nom ; je ne les ai ni envoyés, ni commandés, ni parlé à eux ; ils vous annoncent une vision fausse, une divination, une vanité et le mensonge de leur cœur. » Un faux pasteur se comporte de manière similaire, égarant les croyants en leur promettant des bénédictions spirituelles sans conditions de repentance ou de sanctification.

3. L'Esprit de Correction : Un Acte d'Amour et de Vérité

L'Esprit de correction dans l'Église est essentiel pour ramener dans la vérité ceux qui s'égarent. Selon l'enseignement biblique, la correction n'est pas un acte de jugement vindicatif, mais une démarche d'amour et de restauration. L'Apôtre Paul exhorte les croyants à s'exhorter mutuellement dans l'amour, avec un esprit de douceur et d'humilité : « Frères, si un homme vient à être surpris en quelque faute, vous qui êtes spirituels, redressez-le avec un esprit de douceur, en prenant garde à toi-même, de peur que toi aussi tu ne sois tenté » (Galates 6, 1).

- **Le but de la correction** : Le but de la correction est la restauration, et non la condamnation. L'Église doit corriger ceux qui enseignent des faussetés ou vivent dans l'erreur non pas pour les accuser, mais pour les ramener à la vérité de l'Évangile. Jésus Lui-même a corrigé ses disciples avec douceur, mais fermeté, afin qu'ils puissent se conformer à Sa vérité et à Sa volonté (Matthieu 18, 15-17).

- **L'exemple de l'Apôtre Paul** : L'Apôtre Paul illustre bien l'esprit de correction dans ses lettres, où il exhorte les Églises à revenir à la vérité quand elles dévient. Par exemple, il réprimande sévèrement les Galates qui s'éloignent de l'Évangile de grâce en s'attachant à des rites légaux (Galates 1, 6-9), mais il le fait dans l'espoir qu'ils reviendront à la vérité de la grâce de Dieu.

4. Le Processus de Correction dans l'Église

La correction spirituelle dans l'Église doit se faire selon les principes bibliques. Jésus a donné une méthode claire de correction dans Matthieu 18, 15-17 :

1. **Correction personnelle** : Si quelqu'un péchait, le croyant doit d'abord aller vers la personne en privé pour discuter de la faute et chercher la réconciliation.

2. **Témoin ou leaders spirituels** : Si la personne ne se repent pas, il est bon de prendre un témoin, un leader spirituel ou un responsable d'Église pour l'aider à comprendre et à se corriger.

3. **Église entière** : Si la correction échoue, l'Église dans son ensemble doit être impliquée pour agir comme un dernier recours, avec l'objectif d'amener la personne à la repentance.

Cette démarche est toujours guidée par l'amour et le souci de restaurer la personne, jamais de la condamner. L'esprit de correction vise à maintenir la pureté doctrinale et la sainteté dans le corps de Christ, mais aussi à préserver l'unité de l'Église, afin qu'elle demeure fidèle à l'Évangile.

5. La Responsabilité des Membres de l'Église

L'attachement à la vérité et l'esprit de correction ne sont pas seulement la responsabilité des leaders, mais aussi de tous les membres de l'Église. Les croyants doivent prendre au sérieux leur rôle dans la protection de la doctrine et dans la restauration de ceux qui se sont égarés. Paul rappelle dans 1 Timothée 1, 3 que l'Église est appelée à « garder la foi » et à « combattre le bon combat ». Chaque membre doit être vigilant, connaître la Parole de Dieu et se soucier du bien-être spirituel de ses frères et sœurs.

Conclusion

L'attachement à la vérité est la clé pour protéger l'Église des faux pasteurs et des enseignements erronés. Cette vérité, révélée dans les Écritures, est la seule qui peut sanctifier et préserver l'Église dans son intégrité. En même temps, l'esprit de correction est indispensable pour restaurer ceux qui se sont égarés et pour maintenir l'Église fidèle à son appel divin. L'attachement à la vérité et l'esprit de correction doivent toujours être exercés avec amour, douceur et humilité, dans le but de faire grandir l'Église dans la sainteté, l'unité et la foi. Les faux pasteurs et les faux enseignements ne peuvent prospérer que dans un environnement où la vérité n'est pas fermement défendue et où la correction, guidée par l'amour, est pratiquée avec fidélité.

Chapitre 11

Les Stratégies de Manipulation des Faux Pasteurs

Les faux pasteurs, dans leur quête de pouvoir, de contrôle ou de profit personnel, utilisent diverses stratégies de manipulation pour maintenir leur autorité et garder leur emprise sur leurs victimes. Ces stratégies sont souvent subtiles, bien dissimulées sous des apparences d'harmonie spirituelle ou d'amour, mais leur but ultime est de détourner les croyants de la vérité et de les soumettre à leur volonté. Dans ce chapitre, nous explorons les principales stratégies utilisées par les faux pasteurs pour manipuler les membres de l'Église et les moyens de discerner ces tactiques.

1. La Manipulation Émotionnelle : Attiser la Peur et l'Incertitude

Une des stratégies les plus courantes des faux pasteurs est l'utilisation de la **manipulation émotionnelle** pour exploiter les peurs et les insécurités des croyants. Cela peut prendre plusieurs formes :

- **Créer un climat de peur** : Les faux pasteurs peuvent jouer sur les peurs de l'enfer, des malédictions, ou de la colère de Dieu pour forcer les croyants à obéir sans questionner. Par exemple, ils peuvent affirmer que les membres de l'Église risquent de perdre leur salut ou de subir des malheurs s'ils ne suivent pas scrupuleusement les enseignements ou les pratiques du pasteur.
- **Exploiter la culpabilité** : Ces pasteurs jouent souvent sur la culpabilité des membres de l'Église pour les faire se sentir indignes, incapables de servir Dieu sans leur direction. En manipulant les consciences, ils parviennent à faire en sorte que les croyants se sentent responsables de la prospérité de l'Église ou de la réussite de son ministère, créant ainsi un sentiment de dépendance spirituelle.

- **Fausse promesse de sécurité spirituelle** : En exploitant le désir humain de sécurité et de confort, les faux pasteurs promettent des bénédictions divines, des miracles ou des solutions immédiates aux problèmes de la vie. Cela peut rendre les croyants vulnérables à des pratiques qui ne sont pas fondées sur la Parole de Dieu, mais plutôt sur des manipulations psychologiques.

2. L'Autoritarisme Spirituel : Exercer un Contrôle Absolu

Une autre stratégie de manipulation est **l'autoritarisme spirituel,** qui consiste à établir une domination sur les membres de l'Église en prétendant détenir un pouvoir spirituel absolu. Le faux pasteur exerce une emprise totale sur ses ouailles en les persuadant que toute désobéissance à ses ordres ou à ses enseignements est un péché grave. Voici quelques exemples :

- **Prétendre être l'unique autorité spirituelle** : Les faux pasteurs se présentent souvent comme les seuls intermédiaires entre Dieu et les croyants. Ils disent que leurs paroles sont équivalentes à la Parole de Dieu et que tout ce qu'ils disent doit être obéi aveuglément. Ils minimisent ou ignorent l'importance de la relation personnelle avec Dieu, incitant les membres à chercher constamment leur direction plutôt qu'à se soumettre directement à Dieu et à Sa Parole.
- **Dénoncer la rébellion spirituelle** : Si quelqu'un ose remettre en question ou contester l'enseignement du pasteur, ce dernier peut accuser la personne de rébellion contre Dieu, de manque de foi, ou d'orgueil spirituel. Cette accusation sert à isoler la personne et à la rendre coupable de tout doute ou de toute critique, dissuadant ainsi les autres membres de contester l'autorité du pasteur.
- **Séparer les membres qui doutent** : Les faux pasteurs peuvent également chercher à créer des divisions au sein de l'Église en excluant ceux qui ne sont pas d'accord avec eux. Ceux qui montrent des signes de doute ou qui

cherchent à s'informer auprès d'autres sources peuvent être rejetés ou marginalisés, créant ainsi une atmosphère de peur et de conformité.

3. L'Abus de la Parole de Dieu : Manipuler les Écritures à Leur Avantage

Un autre outil puissant utilisé par les faux pasteurs pour manipuler leurs suiveurs est l'**abus des Écritures**. Ils peuvent déformer ou citer des versets hors contexte pour soutenir leurs propres agendas personnels. Cette manipulation peut prendre plusieurs formes :

- **Interprétations sélectives et déformées** : Les faux pasteurs peuvent choisir des versets isolés et les interpréter de manière à les faire dire ce qu'ils veulent. Par exemple, en citant des passages sur la prospérité ou la bénédiction divine, ils peuvent inciter les membres à faire des dons excessifs ou à soutenir financièrement leur ministère en échange de bénédictions promises.

- **Utilisation de la peur et de la culpabilité par les Écritures** : Ils peuvent aussi utiliser des versets qui parlent du jugement de Dieu ou de la colère divine pour terrifier les croyants et les faire se conformer à leurs attentes. Par exemple, en manipulant des passages comme Hébreux 10, 26, « Si nous péchons volontairement après avoir reçu la connaissance de la vérité, il n'y a plus de sacrifice pour les péchés », le faux pasteur peut induire en erreur les croyants sur leur statut spirituel ou les pousser à des actions irrationnelles.

- **Promesses de bénédictions conditionnelles** : En citant des versets sur la prospérité ou des principes spirituels, ces pasteurs promettent des bénédictions divines conditionnées par des actions spécifiques, souvent centrées sur des dons financiers ou des sacrifices matériels, comme si Dieu agissait uniquement en fonction de la générosité des membres.

4. L'Exploitation des Relations Personnelles : Créer une Dépendance

Les faux pasteurs cherchent souvent à créer une **dépendance émotionnelle et spirituelle** de leurs membres envers eux. Cela est fait en manipulant les relations personnelles et en encourageant les croyants à remettre leur vie personnelle et spirituelle entre leurs mains. Voici quelques stratégies utilisées pour exploiter les relations :

- **Faire sentir aux membres qu'ils sont les « seuls » à pouvoir guider ou comprendre leur vie spirituelle** : Les faux pasteurs encouragent souvent leurs membres à se confier exclusivement à eux, leur faisant croire que les autres chrétiens ou pasteurs ne peuvent pas comprendre leurs besoins spirituels spécifiques. Cela conduit les croyants à se sentir vulnérables et à dépendre entièrement de la direction du pasteur.
- **Exploitation des situations personnelles** : Ces pasteurs peuvent abuser de leur position pour connaître des détails personnels sur les membres et utiliser cette information à leur avantage, en manipulant les croyants par des promesses de solutions spirituelles ou matérielles.
- **Créer une fidélité aveugle** : Ils cherchent à créer un lien émotionnel et spirituel tellement fort qu'il devient difficile pour les membres de quitter l'Église ou de remettre en question le pasteur, même si le comportement de ce dernier est douteux ou contraire à la vérité biblique.

5. Le Charisme et le Charisme Mystique : Manipuler par l'Apparence et les Spectacles

Les faux pasteurs utilisent souvent leur **charisme personnel** ou des **manifestations mystiques** pour manipuler les émotions des croyants. Le charisme est un outil puissant, et lorsqu'il est utilisé à mauvais escient, il peut amener les membres à suivre aveuglément, sans discernement :

- **Utilisation des manifestations émotionnelles et spectaculaires** : Ils peuvent organiser des événements où des « miracles », des « visions », des guérisons ou des expériences surnaturelles se produisent (réellement ou de manière fabriquée) afin de susciter l'admiration et la soumission. Ce phénomène, s'il n'est pas vérifié par l'Écriture, peut facilement faire dévier les croyants du vrai chemin, les incitant à suivre le pasteur pour ses capacités « extraordinaires ».

- **Impressionner par des dons spirituels non fondés** : Certains faux pasteurs, sous l'apparence de dons spirituels puissants, peuvent créer une atmosphère où les croyants se sentent obligés de suivre leurs enseignements ou directives pour expérimenter la « présence de Dieu » qu'ils prétendent manifester.

Conclusion : Comment Se Protéger des Stratégies de Manipulation

Pour se protéger des stratégies de manipulation des faux pasteurs, il est crucial de:

- **Rester ancré dans la Parole de Dieu** : Connaître les Écritures et les appliquer correctement est la première défense contre les fausses doctrines. Un croyant qui connaît la vérité ne sera pas facilement manipulé par des mensonges.

- **Pratiquer le discernement spirituel** : Chaque croyant doit exercer le discernement donné par l'Esprit Saint pour repérer les signes de manipulation. Cela inclut la vigilance contre les promesses de bénédictions faciles, les enseignements qui ignorent la repentance ou qui déforment la Parole de Dieu.

- **Éviter l'isolement spirituel** : Les faux pasteurs cherchent souvent à isoler leurs membres de l'influence d'autres croyants sages et spirituellement matures. Rester connecté avec une communauté chrétienne solide et équilibrée aide à prévenir l'emprise d'un faux pasteur.

En restant fermes dans la vérité biblique, en recherchant la sagesse de Dieu et en maintenant une relation personnelle avec Lui, les croyants peuvent discerner et se protéger des stratégies de manipulation des faux pasteurs.

Chapitre 12

L'Impact Spirituel et Psychologique des Faux Pasteurs

Les faux pasteurs exercent une influence dévastatrice non seulement sur la vie spirituelle de leurs adeptes, mais aussi sur leur bien-être psychologique. Ces leaders malhonnêtes exploitent la vulnérabilité spirituelle des croyants, créant ainsi un environnement où l'Église devient un lieu de manipulation et de contrôle, plutôt qu'un espace de guérison et de croissance spirituelle authentique. Dans ce chapitre, nous analysons les effets profonds et souvent traumatisants que les faux pasteurs peuvent avoir sur leurs victimes, tant sur le plan spirituel que psychologique.

1. L'Impact Spirituel : Détournement de la Foi et Éloignement de Dieu

Le rôle fondamental d'un pasteur est de guider les croyants vers une relation authentique avec Dieu, de nourrir leur foi et de les aider à grandir spirituellement. Cependant, les faux pasteurs agissent souvent comme des obstacles spirituels, détournant les croyants de la véritable voie chrétienne.

- **Perte de la relation personnelle avec Dieu** : Les faux pasteurs peuvent encourager les croyants à se concentrer sur leur autorité plutôt que sur Dieu, leur faisant croire que seule leur direction peut conduire à une relation juste avec le Seigneur. Cette forme de manipulation spirituelle peut entraîner un éloignement progressif de Dieu, car les croyants deviennent dépendants du pasteur pour leur vie spirituelle. L'intimité personnelle avec Dieu est remplacée par une relation codifiée où les pasteurs exercent un contrôle absolu sur la manière dont les croyants prient, étudient la Bible ou vivent leur foi.

- **Distorsion de l'Évangile** : En enseignant des doctrines erronées, les faux pasteurs déforment l'Évangile, prêchant souvent un message axé sur la prospérité, la réussite ou des pratiques extrabibliques. Cela fausse la compréhension des croyants sur le véritable message chrétien, notamment en minimisant la nécessité de la repentance, de la souffrance chrétienne ou du salut par grâce seule. Les adeptes peuvent ainsi vivre dans l'illusion de la foi, croyant qu'ils sont sur le bon chemin, alors qu'ils sont en réalité éloignés de la vérité biblique.

- **Ressentiment et culpabilité spirituelle** : Les faux pasteurs génèrent souvent un climat de culpabilité, où les croyants sont amenés à se sentir indignes de l'amour de Dieu à moins qu'ils ne suivent strictement leurs enseignements et directives. Ce ressentiment intérieur, en particulier lorsqu'il est couplé à une forte pression pour donner de l'argent ou s'engager dans des activités non spirituelles, peut engendrer une dépression spirituelle. Les croyants se sentent inauthentiques dans leur foi, incapables de répondre aux attentes du pasteur, tout en cherchant désespérément l'acceptation divine qu'ils ne peuvent pas obtenir.

2. L'Impact Psychologique : Manipulation Mentale et Domination Émotionnelle

Les faux pasteurs utilisent des tactiques de manipulation psychologique pour garder leurs membres sous contrôle. Ces tactiques affectent la santé mentale des croyants, créant des états de confusion, d'anxiété et de dépendance excessive.

- **Isolement social** : Un faux pasteur peut encourager l'isolement de ses membres vis-à-vis de leurs amis et famille, les convaincant que ces relations extérieures sont nuisibles à leur croissance spirituelle. Ce type d'isolement crée une dépendance émotionnelle et psychologique au pasteur et à l'Église, augmentant ainsi le contrôle que le faux pasteur exerce sur la vie de ses membres. Ceux qui osent critiquer ou remettre en question les enseignements sont souvent poussés à quitter l'Église, créant un environnement de peur et de loyauté forcée.

- **Création de dépendance émotionnelle** : Un faux pasteur établit des liens émotionnels très forts avec ses adeptes, en leur faisant croire qu'ils sont les « seuls » capables de les guider spirituellement. Parfois, il exploite les fragilités psychologiques des croyants (solitude, insécurité, besoins d'approbation) pour les manipuler émotionnellement. Ces liens deviennent une forme de dépendance, où les croyants cherchent continuellement l'approbation ou la direction du pasteur, au détriment de leur indépendance émotionnelle et spirituelle.

- **Culpabilité et honte persistantes** : En incitant les croyants à se sentir responsables de l'échec ou des problèmes de l'Église, les faux pasteurs alimentent un cycle de culpabilité constante. Ils peuvent utiliser des techniques telles que des sermons dramatiques qui véhiculent des messages de honte, ou des demandes de dons qui laissent entendre que le manque de générosité financière est une forme de péché grave. Cette pression constante peut mener à de l'anxiété, des troubles du sommeil, voire à une dépression, car les croyants se sentent constamment incompétents ou indignes.

- **Dérèglement des priorités et perte d'autonomie** : La manipulation psychologique pousse les croyants à négliger d'autres aspects importants de leur vie, tels que leur famille, leur carrière ou leur santé mentale, au profit de l'Église et des activités dictées par le pasteur. Ceux-ci peuvent sacrifier leur bien-être personnel pour satisfaire aux exigences du pasteur, pensant que cela les rapproche de Dieu ou les rend « plus spirituels ». La perte de sens de l'équilibre et de l'autonomie peut entraîner un épuisement émotionnel, un manque de clarté personnelle et une dégradation de la qualité de vie.

3. L'Abus de Pouvoir et l'Érosion de l'Estime de Soi

L'un des effets les plus dévastateurs des faux pasteurs est l'**abus de pouvoir** qu'ils exercent sur leurs fidèles, ce qui entraîne une érosion de l'estime de soi et de la confiance en soi. L'abus de pouvoir se manifeste par des demandes excessives, des attentes irréalistes et une culture de soumission aveugle, où les membres sont traités comme des « outils » plutôt que comme des individus.

- **Exploitation des vulnérabilités personnelles** : Les faux pasteurs se nourrissent souvent des faiblesses psychologiques ou émotionnelles des membres. Par exemple, ceux qui souffrent d'angoisse, de solitude, de deuil ou d'autres formes de détresse peuvent devenir des cibles faciles pour les manipulations émotionnelles. Au lieu de fournir une véritable guérison spirituelle, les faux pasteurs exacerbent ces vulnérabilités pour renforcer leur pouvoir.

- **Soumission excessive et perte de l'individualité** : Les croyants sous l'emprise d'un faux pasteur sont souvent poussés à abandonner leurs propres opinions et à se soumettre aveuglément aux ordres du pasteur. Cette soumission excessive engendre une perte d'autonomie, où les croyants ne prennent plus de décisions pour eux-mêmes et dépendent entièrement du pasteur pour tout aspect de leur vie spirituelle, parfois même de leurs choix personnels.

- **Dérision des dons spirituels personnels** : Dans un tel contexte, les dons spirituels ou les talents individuels sont souvent négligés ou minimisés par le pasteur, qui préfère imposer ses propres visions et priorités. Les membres qui ont des compétences ou des convictions qui diffèrent peuvent être marginalisés ou même ridiculisés, ce qui génère un sentiment de honte et d'inutilité chez ceux qui avaient auparavant un sens de l'identité spirituelle.

4. La Guérison Spirituelle et Psychologique Après l'Influence d'un Faux Pasteur

Il est essentiel de comprendre que, bien que l'impact spirituel et psychologique des faux pasteurs puisse être profond et dévastateur, il est possible de se reconstruire. La guérison commence par :

- **Revenir à la vérité biblique** : L'une des premières étapes pour se libérer de l'influence d'un faux pasteur est de se réancrer dans la Parole de Dieu. Cela implique d'étudier les Écritures pour comprendre ce que Dieu dit réellement, plutôt que d'accepter des enseignements déformés. La vérité est libératrice (Jean 8, 32).

- **Se reconnecter à une communauté chrétienne saine** : Une fois éloigné d'un faux pasteur, il est important de rechercher une Église fondée sur des principes bibliques, où la relation avec Dieu et les autres croyants est saine et authentique. Le soutien de frères et sœurs dans la foi est essentiel pour retrouver la paix intérieure et la croissance spirituelle.

- **Guérison émotionnelle et mentale** : Il est aussi important de reconnaître l'impact psychologique de cette expérience et de chercher des moyens de guérir, que ce soit par la prière, le conseil pastoral ou même une thérapie chrétienne. Dieu peut restaurer les âmes brisées et remettre en place une saine estime de soi, fondée sur Son amour inébranlable.

Conclusion

Les faux pasteurs laissent des cicatrices profondes, à la fois spirituelles et psychologiques, sur ceux qu'ils manipulent. Cependant, la guérison et la restauration sont possibles grâce à la vérité biblique, au soutien d'une communauté chrétienne fidèle, et à la puissance du Saint-Esprit. Les croyants doivent rester vigilants et s'engager à protéger leur cœur, leur esprit et leur âme contre l'influence de ceux qui cherchent à les détourner de la voie droite.

Chapitre 13

Comment Protéger sa Communauté des Faux Pasteurs

Protéger une communauté chrétienne des faux pasteurs est une tâche complexe mais essentielle pour préserver la santé spirituelle, morale et psychologique de l'Église. Les faux pasteurs, par leurs doctrines erronées, leurs comportements manipulateurs et leurs pratiques abusives, peuvent semer la division, nuire à la croissance spirituelle et induire les membres en erreur. Dans ce chapitre, nous examinons les moyens pratiques et spirituels par lesquels une communauté peut se protéger efficacement des faux pasteurs et maintenir son intégrité.

1. Ancrer la Communauté dans la Vérité Biblique

La première ligne de défense contre l'influence des faux pasteurs est de **s'assurer que tous les membres de la communauté sont solidement ancrés dans la vérité biblique**. Une connaissance profonde de la Parole de Dieu et un engagement personnel à suivre Ses enseignements sont essentiels pour discerner les faux enseignements.

- **Enseigner la Bible de manière systématique et équilibrée** : Les leaders de l'Église doivent se concentrer sur l'enseignement fidèle et exhaustif de la Bible. L'étude des Écritures, non seulement à travers des prédications dominicales, mais aussi par des études bibliques en petits groupes, des séminaires et des formations, permet aux membres de connaître les doctrines fondamentales de la foi chrétienne. Lorsque les croyants sont familiers avec les vérités bibliques, ils seront mieux équipés pour repérer les erreurs doctrinales et les fausses déclarations.

- **Encourager la lecture et l'étude personnelle de la Bible** : Il est crucial que chaque membre de l'Église prenne l'initiative d'étudier la Parole de Dieu personnellement. La formation spirituelle individuelle permet de construire un discernement solide et de ne pas se laisser séduire par des enseignements qui ne sont pas bibliquement fondés. Encourager les croyants à lire la Bible quotidiennement et à méditer sur elle leur permet de développer une foi personnelle fondée sur la vérité divine.

- **Former les leaders spirituels** : Les pasteurs, responsables et enseignants doivent être eux-mêmes des modèles d'intégrité doctrinale. Ils doivent avoir une bonne compréhension des Écritures et être capables de transmettre une doctrine saine et équilibrée. La formation continue des leaders spirituels permet d'éviter qu'ils ne soient influencés par des doctrines erronées ou des idées déviantes.

2. Exercer le Discernement Spirituel

Le discernement spirituel est une capacité donnée par l'Esprit Saint qui permet aux croyants de distinguer la vérité de l'erreur. Il est essentiel pour identifier les faux pasteurs et éviter de tomber sous leur influence. Voici quelques moyens de développer et d'exercer ce discernement :

- **Prendre garde aux fruits** : Jésus nous a avertis dans Matthieu 7, 15-20 qu'on reconnaît les faux prophètes à leurs fruits. Un pasteur qui enseigne la vérité biblique vivra une vie conforme à l'Évangile. Il ne vivra pas dans l'hypocrisie, la convoitise, l'égoïsme ou l'abus de pouvoir. Les comportements personnels et les actions des pasteurs sont donc des critères essentiels pour évaluer leur authenticité. Les membres doivent être vigilants et soucieux de l'intégrité morale et spirituelle de leurs leaders.

- **Examiner les enseignements à la lumière des Écritures** : Le discernement spirituel implique également un examen approfondi des enseignements d'un pasteur à la lumière de la Bible. Les croyants doivent être prêts à comparer ce qui est enseigné dans leur Église avec ce que la Bible dit. Si un pasteur déforme les Écritures ou prêche des idées qui ne correspondent pas à l'enseignement biblique, c'est un signe qu'il pourrait être un faux pasteur.

- **Mettre en place des mécanismes de responsabilité** : Les leaders spirituels doivent être responsables devant d'autres leaders et membres de l'Église. Cela permet d'éviter une concentration excessive de pouvoir et de garantir que les enseignements et les actions des pasteurs sont surveillés et évalués de manière constante. Des comités de surveillance, des équipes d'audit spirituel et des partenariats avec d'autres Églises peuvent aider à maintenir cette responsabilité.

3. Promouvoir une Culture de Transparence et de Responsabilité

L'une des stratégies des faux pasteurs consiste à **garder leurs actions secrètes et à éviter toute forme de responsabilité**. Pour les contrer, il est important de promouvoir une culture de transparence au sein de l'Église, où tous les leaders sont ouverts à l'examen et à l'évaluation de leurs actions.

- **Assurer la transparence financière** : Les faux pasteurs utilisent souvent l'argent comme levier de manipulation. Il est essentiel que l'Église mette en place une gestion financière transparente, où l'utilisation des fonds est claire et régulièrement examinée par des responsables de l'Église, en particulier ceux qui ne sont pas directement impliqués dans la collecte des fonds. Cela réduit les risques de fraude, de manipulation ou d'exploitation des croyants par des faux pasteurs.

- **Encourager le dialogue ouvert sur les enseignements et les pratiques** : Les membres doivent se sentir libres de poser des questions, de discuter et de soulever des préoccupations concernant les enseignements ou les pratiques de l'Église. Créer un espace où la communication est ouverte et honnête permet d'éviter que des pratiques douteuses ou des enseignements erronés ne prospèrent.

- **Mettre en place des mécanismes de discipline** : L'Église doit avoir un processus clair pour traiter les plaintes et les préoccupations concernant le comportement d'un pasteur. Cela inclut la mise en place de comités de discipline, composés de responsables respectés, qui peuvent enquêter sur toute accusation de fraude, de manipulation ou de mauvaise conduite. Un système de discipline équilibré et biblique peut non seulement protéger l'Église, mais aussi restaurer un pasteur qui s'égare, si cela est possible et approprié.

4. Sensibiliser et Former les Membres à la Manipulation Spirituelle

Les membres de l'Église doivent être formés à reconnaître les tactiques de manipulation utilisées par les faux pasteurs. Cela inclut une éducation sur les formes subtiles de contrôle mental et spirituel.

- **Former les croyants à reconnaître la manipulation émotionnelle et psychologique** : Beaucoup de faux pasteurs manipulent les émotions des croyants pour les maintenir sous leur contrôle. Cela peut inclure la culpabilisation, la peur ou l'extrême flatterie. En élevant les croyants à un niveau de vigilance et de discernement, l'Église peut prévenir ces abus.

- **Prêcher une foi saine et équilibrée** : Enseigner aux membres de l'Église une foi centrée sur Christ, fondée sur la grâce, la vérité et la réconciliation plutôt que sur des pratiques externes, des spectacles ou des bénédictions matérielles, permet de protéger les croyants d'une foi superficielle qui pourrait être exploitée par des faux pasteurs.

- **Encourager la solidarité entre les croyants** : En favorisant une culture où les croyants se soutiennent mutuellement, l'Église devient un lieu où les membres peuvent se protéger les uns les autres contre les dangers spirituels, y compris l'influence de faux pasteurs. Les petites communautés de groupes de prière ou de soutien spirituel sont des espaces privilégiés pour identifier, discuter et traiter les problèmes éventuels avant qu'ils ne deviennent plus graves.

5. Utiliser l'Exemple de la Bible et des Leaders Authentiques

Les Églises peuvent aussi utiliser les exemples de **leaders bibliques** et **d'exemples d'intégrité chrétienne** pour enseigner la manière dont un pasteur authentique doit vivre et diriger. Des exemples tels que l'apôtre Paul, Jésus-Christ lui-même, ou d'autres leaders spirituels comme Moïse et David, montrent l'importance de l'humilité, de l'intégrité, de l'amour véritable et du service dans le leadership chrétien.

- **Prêcher sur les qualités du vrai pasteur** : Les enseignements sur les qualités d'un pasteur véritable (telles que la prudence, la sagesse, l'humilité, et l'amour pour les brebis) renforcent l'idée que l'Église doit se protéger de tout abus de pouvoir spirituel.
- **Former à une vision saine du leadership** : Les Églises doivent promouvoir un modèle de leadership qui repose sur le service et la compassion, et non sur le contrôle ou l'exploitation. Cela implique d'enseigner les principes bibliques de direction, comme dans Éphésiens 4, 11-12, qui rappelle que les pasteurs et enseignants sont appelés à édifier le corps du Christ, et non à en tirer profit personnellement.

Conclusion

Protéger une communauté chrétienne des faux pasteurs nécessite un engagement constant envers la vérité biblique, le discernement spirituel, la transparence et une culture de responsabilité. En gardant un œil attentif sur les fruits spirituels des leaders, en enseignant les principes de la Parole de Dieu, et en cultivant un environnement de vigilance et d'unité, une Église peut se prémunir contre les dangers des faux pasteurs et continuer à croître dans la vérité et l'amour du Christ.

Chapitre 14

Témoignages et Études de Cas

Les témoignages et les études de cas constituent des outils précieux pour mieux comprendre l'impact réel des faux pasteurs sur les communautés chrétiennes. Ils offrent un aperçu des expériences vécues par ceux qui ont été influencés par ces leaders malveillants, tout en fournissant des exemples pratiques de comment les croyants et les Églises peuvent se protéger, se relever et guérir. Dans ce chapitre, nous explorons des témoignages de personnes ayant été confrontées à des faux pasteurs, ainsi que des études de cas tirées de différentes Églises confrontées à cette problématique.

1. Témoignage de Marie : La Manipulation Spirituelle au Service de l'Argent

Marie, une croyante de 32 ans, faisait partie d'une Église où le pasteur prêchait régulièrement des sermons axés sur la prospérité. Au début, Marie a été séduite par les promesses d'une vie meilleure et d'une bénédiction abondante. Le pasteur insistait souvent sur le fait que pour recevoir les bénédictions de Dieu, les membres de l'Église devaient donner généreusement, non seulement leurs dîmes, mais aussi des offrandes spéciales.

L'expérience de Marie : Au fil des mois, Marie a commencé à ressentir une pression croissante pour donner plus d'argent. Le pasteur affirmait que son manque de prospérité était dû à un manque de foi et à son incapacité à « honorer Dieu financièrement ». Marie, dont la situation financière était déjà difficile, a donné de l'argent qu'elle n'avait pas, croyant que Dieu la récompenserait. Mais au lieu de recevoir des bénédictions, elle s'est retrouvée de plus en plus endettée et émotionnellement épuisée.

Lorsqu'elle a osé poser des questions sur l'utilisation des fonds de l'Église, elle a été rejetée et accusée de manquer de foi. Ce rejet l'a profondément perturbée, car elle croyait sincèrement que tout cela faisait partie du plan divin.

Le changement : Un jour, elle a rencontré une autre croyante qui lui a parlé des dangers des faux enseignements. Marie a commencé à étudier la Bible par elle-même et a pris conscience de la manipulation à laquelle elle avait été soumise. Elle a finalement quitté l'Église et a trouvé une nouvelle communauté où l'enseignement biblique était centré sur le Christ, sans promesse de prospérité immédiate ou de richesses matérielles.

Leçons tirées : Marie a appris que, bien qu'un pasteur puisse sembler charismatique et convaincant, il est essentiel de se baser sur la vérité biblique pour évaluer les enseignements. La générosité chrétienne ne doit pas être manipulée, et les bénédictions de Dieu ne se mesurent pas à la richesse matérielle. L'Église doit enseigner l'amour et le service plutôt que l'enrichissement personnel.

2. Étude de Cas : L'Église de « La Nouvelle Vague » et ses Abus Spirituels

L'Église « La Nouvelle Vague », une communauté chrétienne d'une grande ville, a été fondée par un homme charismatique, le pasteur Gabriel. Dès ses premiers sermons, le pasteur Gabriel a attiré l'attention de nombreux jeunes en prêchant un message novateur axé sur la conquête spirituelle et la domination sur le monde. Il insista sur le fait que les croyants devaient devenir des « gagnants » dans tous les aspects de la vie, y compris sur le plan financier et professionnel, grâce à la foi.

Au fur et à mesure, l'Église est devenue de plus en plus influente. Cependant, plusieurs membres ont commencé à signaler des pratiques préoccupantes : manipulation émotionnelle, pression constante pour donner de l'argent, et accusations de manque de foi envers ceux qui ne prospéraient pas matériellement. De plus, certains membres de l'Église ont commencé à se sentir isolés de leurs familles et amis, car le pasteur leur conseillait de couper les liens avec ceux qui ne comprenaient pas ou n'approuvaient pas l'enseignement de l'Église.

La révélation du problème : L'influence de l'Église a pris une tournure inquiétante lorsque plusieurs anciens membres ont témoigné de pratiques abusives, y compris des moments de pression intense lors des cultes où les membres étaient appelés à donner des sommes d'argent importantes. Un des anciens membres a expliqué comment il avait été « sommé » de vendre sa voiture pour « honorer Dieu » et « recevoir ses bénédictions ». En outre, le pasteur a régulièrement abordé des sujets sensibles, comme les relations familiales, en incitant ses membres à remettre en question l'autorité de leurs proches, particulièrement en ce qui concerne les questions financières.

La réaction de la communauté : Le changement s'est amorcé lorsque certains membres courageux ont commencé à poser des questions et à confronter le pasteur Gabriel. Ils ont insisté pour voir des comptes clairs concernant l'utilisation des fonds et des explications sur les enseignements. Le pasteur a répondu par des accusations de méfiance et de manque de foi. Face à ce comportement autoritaire et déstabilisant, plusieurs membres ont quitté l'Église.

Les anciens membres ont cherché une aide extérieure, et un processus d'évaluation a été mis en place. Un groupe de pasteurs d'Églises saines a pris le temps d'enquêter et a mené des discussions de réconciliation avec les anciens membres, offrant un soutien spirituel et pratique.

Leçons tirées : L'étude de ce cas révèle les dangers des enseignements qui mélangent des éléments de succès matériel avec des principes bibliques, sans discernement. Une Église ne doit jamais séparer les membres de leurs racines familiales et sociales sous prétexte de pureté spirituelle ou de succès. Une structure de responsabilité doit être mise en place dès le départ pour éviter que des abus de pouvoir n'émergent. Le pasteur doit être un exemple d'humilité et non d'arrogance.

3. Témoignage de John : La Souffrance Psychologique de la Manipulation Spirituelle

John, un jeune homme de 26 ans, a été membre d'une Église où le pasteur, bien que très respecté au début, a progressivement introduit des pratiques de contrôle mental et d'abus psychologique. John et plusieurs autres jeunes ont rapidement été encouragés à adopter des croyances extrêmes, telles que l'idée que leur salut était directement lié à leur obéissance totale aux directives du pasteur. Les membres étaient invités à ne prendre aucune décision majeure dans leur vie sans d'abord consulter le pasteur. Cette dépendance totale a eu un effet désastreux sur la santé mentale de John.

Le processus de manipulation : John raconte comment il a progressivement perdu sa capacité à prendre des décisions personnelles. Chaque choix, de son travail à sa vie amoureuse, devait être validé par le pasteur. Les membres de l'Église étaient constamment encouragés à mettre de côté leurs besoins personnels pour « servir l'Église » de manière exclusive. Ce processus a créé une dépendance émotionnelle et une perte totale d'autonomie.

Le déclic et la sortie : John a fini par se rendre compte que ses propres désirs et aspirations étaient étouffés par la manipulation spirituelle. Un jour, il a décidé de quitter l'Église et de se rendre dans une autre communauté où l'enseignement était plus équilibré et respectueux de la liberté individuelle en Christ. Il a cherché un accompagnement psychologique pour traiter les effets de la manipulation et a pris conscience des traumatismes qu'il avait subis.

Leçons tirées : Le témoignage de John souligne l'importance de la liberté spirituelle et de l'autonomie personnelle dans la vie chrétienne. L'Église doit offrir un environnement d'amour et de soutien, où les membres peuvent grandir dans la foi tout en étant libres de prendre leurs propres décisions sous la guidance de Dieu. Toute forme de contrôle excessif ou de manipulation émotionnelle est incompatible avec l'enseignement biblique sur la liberté en Christ.

Conclusion

Les témoignages et études de cas présentés dans ce chapitre montrent les diverses façons dont les faux pasteurs peuvent affecter les croyants et les communautés. Que ce soit par la manipulation financière, le contrôle psychologique ou la déformation des enseignements bibliques, les faux pasteurs créent un environnement de souffrance spirituelle et psychologique. Cependant, ces histoires de souffrance sont aussi des récits de guérison et de rédemption. Elles rappellent l'importance d'une vigilance constante, de l'éducation spirituelle, et du soutien mutuel pour protéger les membres d'Église et maintenir l'intégrité du corps du Christ.

Chapitre 15

Comment Réagir Face à un Faux Pasteur ?

Confronter un faux pasteur peut être une expérience délicate, émotionnellement et spirituellement. Toutefois, il est essentiel pour la santé de l'Église et de ses membres de savoir comment réagir face à des leaders spirituels qui dévient de la vérité biblique, abusent de leur autorité, ou manipulent leurs fidèles. Dans ce dernier chapitre, nous explorons des approches équilibrées et bibliques pour faire face à un faux pasteur, tout en protégeant à la fois la communauté chrétienne et les individus impliqués.

1. Reconnaître le Faux Pasteur

Avant toute réaction, il est crucial de **reconnaître les signes d'un faux pasteur**. Les faux pasteurs se distinguent souvent par certains comportements et enseignements qui vont à l'encontre de la Parole de Dieu. Parmi les signes les plus communs, on retrouve :

- **L'enseignement erroné** : Des doctrines qui déforment l'Évangile, telles que la prospérité abusive, la négation de certains aspects fondamentaux de la foi chrétienne (comme la grâce ou la rédemption), ou l'enseignement de pratiques occultes.
- **L'abus de pouvoir** : Un pasteur qui cherche à exercer un contrôle excessif sur la vie des membres, allant jusqu'à manipuler leurs décisions personnelles, financières ou relationnelles.
- **La recherche de l'intérêt personnel** : Un faux pasteur peut se concentrer sur sa propre gloire, sa richesse et son confort personnel plutôt que sur le bien-être spirituel de ses brebis.

- **Le manque de fruits spirituels** : Un pasteur dont la vie ne reflète pas les fruits du Saint-Esprit (amour, joie, paix, patience, bonté, etc.) peut être un signe que son ministère n'est pas fondé sur des principes bibliques.

Une fois ces signes identifiés, il devient plus facile de comprendre qu'une réaction est nécessaire. Cependant, cela doit être fait avec discernement et dans un esprit de sagesse et de calme.

2. Maintenir une Attitude de Discernement et de Patience

Lorsque vous découvrez qu'un pasteur est faux, il est crucial de ne pas réagir de manière impulsive, mais d'agir avec **discernement et patience**. Prendre le temps d'évaluer la situation, de prier, et d'agir selon la volonté de Dieu est essentiel. Voici quelques étapes à suivre :

- **Prier pour la sagesse et la direction divine** : Avant de prendre des mesures, il est essentiel de rechercher la volonté de Dieu. La prière permet d'obtenir discernement et sagesse, et de s'assurer que nos actions sont alignées avec les principes bibliques (Jacques 1, 5).
- **Observer et analyser les effets de son ministère** : Prenez le temps d'observer l'impact du pasteur sur l'Église et ses membres. Est-ce que les enseignements et les pratiques produisent des fruits positifs (amour, unité, croissance spirituelle) ou des fruits négatifs (division, confusion, souffrance spirituelle) ? Cette analyse est cruciale pour savoir si l'intervention est nécessaire.

3. Adresser le Problème de Manière Fraternelle et Discrète

Si après discernement, il devient évident qu'un pasteur est un faux pasteur, la Bible nous enseigne comment agir avec lui de manière fraternelle et respectueuse.

- **Faire preuve de correction fraternelle (Matthieu 18, 15-17)** : Jésus nous enseigne que, si un frère (ou un pasteur) pêche, il faut d'abord aller vers lui de manière privée et lui exprimer les préoccupations en toute humilité. Il peut être possible de résoudre le problème en parlant directement au pasteur, l'appelant à revenir à la vérité de l'Évangile.

- **Rassembler des témoins si nécessaire** : Si la situation ne s'améliore pas après un premier entretien, il est conseillé d'amener d'autres témoins (de manière respectueuse et en conformité avec les principes bibliques) pour confirmer les faits et essayer de ramener le pasteur à la vérité (Matthieu 18, 16). Cela doit toujours être fait dans l'esprit de restauration et non dans l'objectif de juger.

- **Faire appel à des leaders spirituels extérieurs** : Si le pasteur persiste dans son erreur, il est important de faire appel à d'autres pasteurs ou à des leaders spirituels externes à l'Église locale. Ces leaders auront l'autorité et le discernement nécessaires pour aider à résoudre le conflit et juger de la situation avec impartialité. Dans certains cas, des organisations chrétiennes ou des réseaux d'Églises peuvent également être impliqués pour soutenir l'Église et le pasteur dans sa restauration.

4. Protéger la Communauté Chrétienne

Lorsque les actions d'un pasteur sont dangereuses ou que son influence devient néfaste pour la communauté, il devient impératif de **protéger l'Église** tout en recherchant le bien-être des croyants. Voici quelques actions à considérer :

- **Informer les membres de l'Église** : Si la situation le justifie, les responsables de l'Église doivent avertir la communauté avec discernement. Il est important que les membres sachent pourquoi certaines décisions sont prises et quels dangers sont encourus en suivant des enseignements non bibliques.

- **Mettre en place des mesures de sécurité spirituelle** : Cela peut inclure la formation des croyants à discerner les faux enseignements, l'encouragement à étudier personnellement les Écritures, et la mise en place de groupes de soutien pour aider ceux qui sont affectés par la situation.

- **Exercer une discipline ecclésiale selon les principes bibliques (1 Timothée 5, 19-20)** : Si le pasteur persiste dans son erreur, refuse de se repentir et continue à mener ses brebis sur une voie dangereuse, l'Église doit, en dernier recours, envisager une discipline, qui peut aller jusqu'à l'exclusion du pasteur de l'Église. Cette décision doit être prise avec sérieux et dans un esprit de restauration.

5. Réconcilier et Restaurer le Faux Pasteur, Si Possible

L'objectif final de toute confrontation avec un faux pasteur doit toujours être la **restauration**, non la condamnation. Même lorsqu'un pasteur dévie gravement, la Bible nous exhorte à prier pour lui et à chercher à le restaurer.

- **Prendre des mesures pour restaurer le pasteur** : Dans certains cas, un faux pasteur peut reconnaître ses erreurs et chercher à se repentir. L'Église doit alors offrir un chemin de restauration, par le biais de la repentance, de la formation et de l'accompagnement spirituel. Cela peut inclure un suivi pastoral, des conseils théologiques et une supervision d'autres leaders spirituels.

- **Offrir la grâce et la miséricorde** : Bien que la discipline soit nécessaire pour le bien de l'Église, il est aussi important de rappeler que la miséricorde et la grâce de Dieu sont accessibles à tous. Comme l'Église, nous devons être prêts à pardonner et à restaurer tout pasteur repentant, à condition que sa repentance soit sincère et qu'il cherche à revenir à la vérité de l'Évangile.

6. Se Préparer Spirituellement et Protéger Son Cœur

Enfin, face à un faux pasteur, il est crucial de **garder son cœur pur et son esprit fermement ancré dans la vérité**. Ce type de confrontation peut être émotionnellement et spirituellement épuisant, mais il est important de se rappeler que la vérité de Dieu prévaut toujours.

- **Renforcer sa foi personnelle** : Prendre du temps pour la prière, l'étude de la Bible et la méditation permet de se fortifier dans la vérité et de rester dans un état de paix malgré la situation.
- **Chercher le soutien d'autres croyants** : Ne pas être seul dans cette démarche est essentiel. S'entourer de croyants mûrs et spirituellement solides, qui partagent une vision saine de l'Église et de la vérité biblique, est crucial pour éviter de se laisser déstabiliser par l'influence d'un faux pasteur.

Conclusion

Réagir face à un faux pasteur n'est jamais facile, mais c'est un acte d'amour envers l'Église et les croyants. Il est essentiel de discerner, de corriger avec humilité et patience, et de protéger la communauté spirituelle des fausses influences. Au final, notre objectif doit être de restaurer, de protéger et de maintenir l'intégrité de l'Église, tout en restant fidèles à la vérité de l'Évangile.

Conclusion

Reconnaître et confronter un faux pasteur est un défi complexe mais crucial pour préserver l'intégrité de l'Église et la santé spirituelle de ses membres. Tout au long de ce livre, nous avons exploré les différentes facettes des faux pasteurs, de leurs enseignements erronés à leurs comportements manipulatoires, en passant par l'impact dévastateur qu'ils peuvent avoir sur les croyants et les communautés chrétiennes. Il est essentiel de se rappeler que l'objectif n'est pas la condamnation mais la restauration, le tout dans un esprit de vérité, de justice et de miséricorde.

Les faux pasteurs, par leurs actions et enseignements, peuvent dévier les croyants de la voie droite, créer des divisions, et entraîner des souffrances spirituelles et émotionnelles. Cependant, en tant que corps du Christ, il est de notre responsabilité de discerner ces faux enseignements et de protéger nos communautés contre ces dérives.

L'Église est un lieu de guérison, d'amour, et de vérité. Elle doit rester fidèle à l'Évangile, au message de l'amour de Dieu, et à l'exemple de Jésus-Christ, qui nous a appelés à être des serviteurs et non des maîtres. Un vrai pasteur est celui qui conduit les brebis vers le Christ, qui prêche la vérité avec humilité et dans l'amour, et qui vit selon l'exemple du Seigneur.

Face à un faux pasteur, il est primordial d'agir avec sagesse, discernement, et amour. Le processus de confrontation doit toujours être fondé sur les principes bibliques : la correction fraternelle, la recherche de la restauration et le respect de la dignité humaine. Cependant, si les efforts de restauration échouent et que les abus persistent, il est de notre devoir de protéger l'Église en prenant les mesures appropriées, tout en continuant à prier pour la repentance et la guérison de ceux qui sont dans l'erreur.

En fin de compte, le but de ce livre est de vous équiper pour discerner, comprendre et réagir face à la réalité des faux pasteurs. Nous ne devons jamais perdre de vue que l'Église, corps du Christ, doit demeurer pure et fidèle à la Parole de Dieu. Nous avons tous la responsabilité de maintenir la vérité, de soutenir nos frères et sœurs dans la foi, et de marcher ensemble sur le chemin de la vie éternelle.

Que Dieu nous accorde la sagesse, le courage et l'amour nécessaires pour faire face à ces défis avec fidélité et humilité, toujours à la recherche de sa gloire et de la vérité qui nous libère.

Bibliographie

1. Jean-Paul R., « Les Faux Pasteurs : Comprendre les signes d'une fausse spiritualité », Éditions du Renouveau, 2015, France.

2. Pierre L., « La Tromperie des Faux Pasteurs : Identifier les charlatans spirituels », Presses Chrétiennes, 2017, Canada.

3. Henriette M., « Faux Pasteurs, Vrai Danger : Une analyse des faux enseignements », Éditions Lumière, 2016, France.

4. David K., « Distinguer la Vérité de l'Erreur : Comment reconnaître les faux pasteurs », Éditions du Message, 2020, États-Unis.

5. Sarah T., « Sous le Masque : Identifier les Faux Pasteurs dans l'Église », Éditions de la Vérité, 2019, France.

6. Émilie D., « Faux Pasteurs : L'illusion du pouvoir spirituel », Éditions du Bon Berger, 2014, Belgique.

7. Samuel B., « Les Dangers des Faux Enseignants : Reconnaître les faux pasteurs aujourd'hui », Presses chrétiennes modernes, 2018, France.

8. Claire A., « Faux Pasteurs et Manipulation Spirituelle », Éditions Esprit de Vérité, 2021, Canada.

9. André G., « Les Faux Pasteurs : Une menace invisible pour l'Église », Éditions du Foyer, 2013, France.

10. Alain J., « L'Art de Distinguer les Faux Pasteurs : Une étude biblique », Éditions Foi et Vie, 2017, Suisse.

11. Frédéric P., « Les Faux Pasteurs et l'Enseignement Perverti : Comment ne pas se laisser tromper », Presses Universitaires de Paris, 2020, France.

12. Isabelle R., « Le Piège des Faux Pasteurs : Identifier les faux leaders spirituels », Éditions de la Croix, 2019, Belgique.

13. Jean-Claude B., « Le Discernement Spirituel : Comment reconnaître les faux pasteurs », Éditions de la Parole, 2015, Canada.

14. Nathalie V., « Les Faux Pasteurs et leurs Enfants Perdus », Éditions du Voyage, 2022, France.

15. François C., « Faux Pasteurs : Une analyse théologique de la fausse autorité spirituelle », Éditions Théologiques, 2014, Suisse.

Buy your books fast and straightforward online - at one of world's fastest growing online book stores! Environmentally sound due to Print-on-Demand technologies.

Buy your books online at
www.morebooks.shop

Achetez vos livres en ligne, vite et bien, sur l'une des librairies en ligne les plus performantes au monde!
En protégeant nos ressources et notre environnement grâce à l'impression à la demande.

La librairie en ligne pour acheter plus vite
www.morebooks.shop

Printed by Books on Demand GmbH, Norderstedt / Germany